걷는 의미

걷는 의미

2025년 10월 25일 인쇄
2025년 10월 30일 발행

지은이 김태우

펴낸이 손정순

펴낸곳 열림문화
    주소 제주특별자치도 제주시 청귤로 15
    전화 (064)755-4856
    팩스 (064)755-4855
    이메일 sunjin8075@hanmail.net
    인쇄 선진인쇄

저작권자 ⓒ 2025, 김태우

ISBN 979-11-92003-68-9 (03810)
값 13,000원

※ 이 책은 제주특별자치도 제주문화예술재단의 2025년 문화예술지원사업의
   보조를 받았습니다.

걷는 의미

김태우 수필집

작가의 말

일상의 속삭임

길을 걷다 향긋한 향기와
감미롭고 경쾌한 음악이 들리면
귀를 쫑긋 세우고 걸음을 멈추곤 한다.
순간의 냄새와 음악은
삶에 새로운 여유와 휴식을 갖게 한다.
길가나 여행지에서 산책 할 때에도,
이 세상을 바라보며 돌하르방처럼
어딘가에 서 있다.
산림 속의 거대한 자연석이나 수목원,
나무로 만든 남방애 같은 기구나,
길가에 가로수처럼 자라있는 아름드리나무와
무지개처럼 아름답게 피어있는 꽃이
정겹기만 하다.
보석 같은 자연경관에서
신비한 발견을 체험하며 마음을 살찌우게 한다.
자연과 세상 속에서의 소소한 일상적 체험은
나를 새로운 모습으로 다시 태어나게 만든다.
척수장애로 낯선 육체의 변화를 겪으면서

무엇이라도 하고 싶은 마음을 지녀왔다.
재활의 의지를 다지며 삶에 대한 갈망은
글을 쓰는 데 도움이 되면서 수필가로 거듭나게 됐다.
살아가면서 보고 느낀 것을 글로 표현하다 보니
어느덧 『라면 한 그릇의 정성』 『소나무가 좋은 이유』에 이은
세 번째 수필집을 발간하게 되었다.
일상의 속삭임이 소중하고 지나간 일들이 되어
입가에 미소가 번지게 하는 수필로 엮어졌다.
수필은 나에게 건강한 삶을 위한 창작의 과정으로
함께 하고 있다.
수필을 쓰다 보면 지쳐있던 몸과 정신이
보약처럼 피로가 풀리게 된다.
수필을 쓰는 것은
내 삶을 새롭게 일으켜 세우는 동반자가 되었다.
아무리 힘들고 어려워도 계속 수필을 쓰려고 한다.
언제나 나의 소중한 독자가 되어주는
가족과 문우들에게 감사드린다.
바쁘신 가운데에도 작품 해설을 써주신
허상문 교수님께도 깊은 감사를 드린다.

2025년 10월
김태우

contents

일상의 속삭임 4

1 Episode

바다

파도 13
물양장 낚시 16
어머니의 바다 20
동방파제에서 24
낚시 갔던 일 27
요트 타보기 32
해양스포츠 체험 36
서귀포 유람선 여행 40
숭어 44

2 Episode

꽃

배롱나무 49
벚꽃 52
베고니아 꽃 55
조팝나무 59
수선화 62

3 Episode

화해

너븐숭이 67

곤흘마을 71

불어라 화해의 바람아 74

4 Episode

가족

단풍나무 집 81

어머니 이사 갈 집 구하기 85

꿈 해몽 89

훌쩍 커버린 아이들 93

성당 가는 날 97

5 Episode

동행

남원 해안도로와 휴애리 생활체육공원 103
무브온 타고 오름 오르기 108
서귀포 치유의 숲 112
올레길 봉사자와의 동행 115
제주 올레길 제6코스 118
제주민속자연사박물관의 돌 122
화북동에서 신촌리까지 걷기 127
눈 구경 132

6 Episode

어울림

걷는 의미 139
슐런 연습 142
슐런 어울림대회 146
오뚝이처럼 쫑긋이 150
장애인 그룹 스터디, 지금 지역사회는? 153
척수장애인 어울림 한마당 대회 157
처음부터 타고나지 않는다 161
현관 자물쇠 164

7 Episode

고마움

현관 앞 경사로 169

햇볕 172

바람 175

바람개비 178

고마움 181

빗소리 185

3박 4일 일본 여행 189

평설

일상의 삶, 문학의 삶 196
- 김태우의 수필 세계

문학평론가 허상문

어린 시절
바람은 장난감을 만들어주었다.

자유자재로 멈춰다. 돌았다.
하는 것에 흥미를 갖게 했다.
나의 피부로 바람의 세기를 느끼지는 못하였지만,
바람을 알아챈 바람개비는
또다시 파르르 돌기 시작했다.

Episode

바다

파도
물양장 낚시
어머니의 바다
동방파제에서
낚시 갔던 일
요트 타보기
해양스포츠 체험
서귀포 유람선 여행
숭어

물속에서는
시린 것도 잊게 한다.

|

바다는
힘들고 가난했던 시절
어머니가 기대는
언덕이었다.

 ## 파도

　해안도로 옆으로는 하얀 물보라를 일으키고 있다. 용담동 어영 해안도로를 따라 모임 장소로 가는 중이다. 곧 해일성 파도가 칠 거 같다. 갯바위에서 낚시하는 사람들이 반기는 파도였다.

　밀려오는 파도로 울퉁불퉁했던 바위와 돌들이 깎이고 깎여 속살을 드러내며 반질반질 윤이 나게 하고 있다. 지구의 나이테를 만들어 내는 갯바위와 하얀 파도를 보기 위해 사람들이 자동차를 타고 모여드는 것 같다.

　유년 시절 파도가 치지않는 날에 한밤중 횃불을 들고 낙지 같은 해산물과, 구멍 낚시로 작은 나무막대를 들고 바닷물이 고여 있는 여에서 우럭이나 놀래기를 즐겨 잡기도 했다. 태풍 부는 날에는 방파제 뒤에서 2~3미터 높이 파도타기도 했다. 방파제나 갯바위에 폭풍우 같은 파도가 몰려와도 겁나기보다는 놀이 기구로 생각했다.

멍석처럼 말리는 파도를 보면서 모임 장소인 ○○횟집 안에 왔더니 첫 손님이다. 넓은 홀은 음식을 먹으면서도 바다를 볼 수 있게 식당 주인이 배려해 주려는지 오른쪽 중간 자리를 가리키는 것이었다. 지정해 준 탁자에 앉아 바닷가 전망이 한눈에 보여 로얄석이 따로 없어 보였다. 수동휠체어를 타고 있어도 사람들이 부딪칠 일이 없다.

다른 모임에서도 이곳을 여러 번 와본 일이 있어서 반갑게 받아준다. 횟집 여직원이 엷은 미소를 머무르면서 "녹차나 커피라도 한 잔 드시겠어요?" 하면서 인사를 했다. "원두커피 없으시면 블랙으로 주세요." 얘기하면서 유리창 너머로 밖을 바라보자, 용두암으로 이어진 어영 바닷가가 강한 바람과 해류로 풍랑이 일기 시작했다.

바다에는 파도가 높아지면서 끼루룩끼루룩 소리를 내던 갈매기도 보이지 않았다. 식당 텔레비전 화면에는 높은 파고로 항해하는 선박은 안전에 주의하라는 자막이 보였다. 그래서인지 바다에는 배 한 척도 보이지 않는다.

파랗고 검붉은 파도를 혼자 보는 것이 아쉽게 느껴졌다. 용두암 해안에는 용과 꼭 닮은 갯바위가 용두암이다. 용이 승천하다가 돌로 변해 버린 바위가 전설로 전해지고 있다. 수평선으로부터 거대한 물결이 타원형을 그리며 몰려오는 파도가 용이 꿈틀대는 형상이다.

바다를 처음 보는 사람처럼 넋 놓고 있는데, 귀에 익은 목소리가 들렸다. "아~! 횟집 경치도 좋수다. 식당도 넓어서 좋고."

"지나가다 여러 번 보았는데 여기는 처음입니다." 문학회 회원이 들어오면서 한마디 하는 것이었다.

시간에 맞춰 일행들이 모두 들어오자, 식탁에는 여러 종류의 해산물로 한 상 가득했다. 땅에서 나는 것이라곤 채소와 초밥을 만드는 쌀밥이 전부였다. 화기애애한 분위기로 파도가 온기를 불어넣은 수산물 만찬이 바다가 없었으면 어떤 음식을 먹게 되었나 생각되는 것이었다.

식당에서 식사를 마치고 차를 타고 돌아가면서 해안 절경을 쳐다보았다. 천혜의 바다 경관으로 파도에 부딪히는 암석들이 시원하게 멱감는 느낌이다. 공중으로 뿌려지며 풍선처럼 날아다니는 하얀 거품은 나비들이 춤추는 듯하다.

가느다란 파도가 수중 암초와 작은 돌멩이 위로 하얀 포말을 내며 바위와 자갈에 안기다 사르르 빠져나가기를 반복한다. 관광객들은 바닥에 얇게 깔리는 해초와 파도를 손으로 만져보는 시늉을 하며 호기심을 자극하고 있다.

하늘의 구름이나 바람처럼 변화무쌍한 바다는 오늘도 쉴 새 없이 움직인다. 날씨나 조류의 흐름 따라 변하는 바다는 낭만적이지만, 애틋한 사연도 전해진다. 산에서 죽는 사람 앞에선 울지 않아도 된다고 하였지만, 바다에서 조업하다 풍랑을 만나 죽은 사람 앞에서는 울어 달라는 슬픈 사연처럼 파도는 해안에서 일렁인다. 연안을 매립하다 보면 파도는 길을 잃고 만다. 파도가 길을 잃으면 바닷물 바닥에 모래가 쌓이면서 고기는 살 수가 없다.

있을 때 잘해란 노랫말처럼 황폐하기 전 파도와 맞닿은 해안선 보존이 우선인 것 같다.

 ## 물양장 낚시

낚시하기 위해 조천 물양장에 왔다. 초록빛으로 환히 뚫린 바닷가. 호수 같은 잔잔한 풍경을 음미하며 원투 낚싯대로 문어나 무늬오징어를 공략할지 생각하다, 벵어돔 릴낚시 하기로 했다. 숭어나 학꽁치가 들어오면 가벼운 찌 채비를 새로 갖추기로 했다.

네 물로 물이 들어오고 있어도 제일 먼저 와서인지 주변이 조용하였다. 물양장에는 밀려오는 파도가 철썩철썩 소리를 내며 해수면이 높아지고 있다. 조류의 흐름이 낚시하기에는 안성맞춤으로 보였다. 물양장에 정박해 있는 연승어선에는 하얀색을 칠해 놓아 넓은 요트장을 연상시키게 했다. 연승어선 간판에는 여러 개의 빨강, 파랑, 흰색의 깃대들이 살랑살랑 흔들리고 있다. 마치 낚시하러 오기보다는 요트 관광 온 느낌이다.

낚시하기 위해 여러 가지 혼합된 곡물가루를

통에 담고 소량의 물을 부어 밑밥을 만들었다. 카본낚싯대를 안테나처럼 뽑아 올린다. 하늘로 솟은 낚싯대 끝이 피뢰침처럼 뾰족하다. 얼굴에 비친 햇살로 모자를 쓰고 한라산과 동북쪽 하늘을 쳐다보았다. 하늘에서 뿜어내는 햇살이 바다와 맞닿아 반짝거리는 모습이 넓은 우주공간 같다. 성곽처럼 보이는 장엄한 연북정 정자 누각이 바다를 지키는 망루 같다.

연북정은 조천읍 소재지로 제주특별자치도 유형문화재이다. 한양에서 제주로 유배 온 사람들이 한양의 기쁜 소식을 기다리면서 북녘의 임금에 대한 충정어린 사모와 연모의 정을 기리며 보내었던 정자 누각이 연북정이다.

선비처럼 연북정을 등지고 낚시에 집중하기로 했다. 냉동된 새우 미끼를 꺼내어 낚싯바늘에 꿰고 물양장 앞으로 높고 길게 던졌다. 밑밥통에 있는 밑밥을 주걱으로 물에 떠 있는 2호찌 위로 살살 뿌렸다. 밑밥을 뿌릴 때마다 고사 지내듯 대어를 소망했다. 낚싯대를 불끈 잡고 뚫어지게 찌를 주시했다. 한겨울 차가운 수온으로 서식성 어류인 자리돔과 코생이 같은 작은 고기가 달라붙지 않아 좋다. 찌가 바람에 살랑거리며 오래도록 떠 있기만 했다. 남아도는 게 시간인데 바쁠 게 없다. 생각하면서 대물이 기다려진다. 낚시는 기다림의 미덕이라 하지 않았는가! 시간이 흐르면서 그 흔한 볼락이라도 올라왔으면 했다. 바다가 만조로 미끼만 쏙 쏙 채가고 있어 어떤 고기인지 확인하고 싶다. 뱅에돔이나 숭어를 꿈꾸고 왔는데 알 수 없는 물고기로 간의 달게 했다. 미끼만 속속 빼먹어 새로이 미끼를 계속 꿰느라 바쁘기만 하다.

조급한 마음에 반찬거리로 졸락, 볼락이라도 잡기 위해 5호 낚싯바늘에서 작고 가벼운 3호 낚싯바늘로 교체하였다. 숭어가 숨을 쉬면서 미끼를 빨아들이기에는 작은 낚시가 괜찮다.

겨울 낚시는 고기가 물면 찌가 물속으로 시원하게 빨려 들어가 손맛을 보는 데 쏠쏠하게 한다. 그만큼 고기가 크다는 얘기다. 물결에 살랑살랑 흔들거리더니 찌가 물속에서 뻐끔한다. 정체를 알기 위해 힘껏 후려쳤더니 커다란 숭어 여러 마리가 물속에서 파드락하면서 유유히 달아나는 것이었다. 낚싯대를 성급하게 올린 것 같다. 겨울 숭어는 눈 속에 얇은 막이 씌워 있어 앞이 보이지 않는다.

정신을 집중하고 숭어와 싸움에 들어가야 했다. 밑밥을 많이 뿌리며 낚시에 낀 미끼와 함께 흡입하도록 유도했다. 하지만 숭어가 한 수위 위 같다. 숭어가 올라오지 않아 물양장 구석에 보이는 그물로 숭어를 잡고 싶은 심정이다. 집에서 타고 온 아메리카노 커피를 마시며 느긋하게 찌를 주시하기로 했다. 물이 빠지기 시작하면서 바람이 컸는지 숭어에 욕심이 커지는 것이었다.

좀처럼 찌가 물속에 가라앉지 않는다. 물결의 파문이 일더니 분홍색 2호 찌가 물속으로 쑥 끌려 가는 것이다. 먹던 커피를 바닥에 놓고 공중으로 낚싯대를 힘껏 챔질했다. 낚싯대가 부러질 듯이 활처럼 휘어지면서 꿈틀대는 것이다. 낚싯줄이 물속으로 줄다리기하듯이 차고 들어가는 것이었다. 팽팽한 기싸움에서 고기가 잡히면 밥 한 공기에 회 한 접시와 얼큰한 매운탕 한 냥 푼이다. 패자는 모든 걸 잃게 된다.

힘껏 당겼다가 천천히 풀어줬다 하다가 결국 팔길이만 한 숭어를 뜰채로 물양장 위로 끌어올리게 되었다. 승자의 여유라 할까! 더 이상 낚시하고 싶지 않았다. 모든 것을 전부 가진 느낌이다.

숭어 잡은 손맛에 고무되며, 바다 밑을 보았더니 동물사료 같은 불순물이 쌓여 있었다. 고기를 잡기 위해 왔을 때 물양장 밑이 생수처럼 맑았다. 뿌연 찌꺼기가 눈살을 찌푸리게 했다.

밑밥이 묻어 있는 물량장 바닥을 물로 청소하고 나서 살림망에 있는 숭어를 쳐다보자 왠지 치근해 보이는 것이었다.

고기를 잡기 위한 권모술수는 바다를 황폐화 시킨다는 생각이 들었다.

 ## 어머니의 바다

옆집 아줌마가 화강암 울담 위로 고개를 내밀면서 "다맞짱! 다맞짱! 바당 가게 마씸" 목청껏 외치던 목소리가 귀에 선하다. 일본에서 부르던 어머니 이름이다. 60년대 초등학교 입학하기 전이었다. 이웃집 해녀 아줌마는 사춘기 때부터 물질을 배웠다고 들었지만, 우리 어머니는 일제 강점기에 외할머니 따라 일본으로 건너가 초등학교를 졸업하고 4·3 사건이 터지기 전에, 해방이 되자 고향으로 돌아왔다. 6·25사변이 지나 결혼하고 물질을 시작하였다.

나는 몇 년 전부터 어머니와 분가해 살고 있다. 어머니에게 전화를 걸면 받지 않을 때가 종종 있다. 안부가 궁금해 저녁에 전화통화가 되면 해녀 탈의장이나 갯것이에서 물질하고 나온 해녀들과 얘기하다 보니 늦었다고 하였다. 그러면서 갯바위에 서 있으면 힘이 나면서 기분이 좋아진다는 것이다. 해녀들도 구십을 넘긴 어머니에게 물질을 함께 하자는 얘기를 했었다. 체력도 체력이지만 물질하고 싶어도 물속 깊이 들어가면 귓속이 아파서 물질할 수 없다고 하셨다.

옛날에 한파가 몰아치는 겨울에는 무명으로 만든 물소중이[1]를 입고 물질을 하다가, 검은색 고무옷이 나오면서 한겨울도 따뜻한 고무옷[2]으로 해산물을 채취하게 되었다. 쉬는 날이 없어 건강을 해칠 수밖에 없었다. 계절에 상관없이 물질하면서 허리, 어깨 통증으로 물파스나 멘소래담을 하루도 거르지 않고 바르거나 붙여 다녀야 했다.

4·3 사건 때 할아버지, 할머니는 폭도로 오인당해 총에 맞아 돌아가시고, 6·25 사변이 터지자 아버지는 학도병으로 지원해 휴전협정이 되면서 일등상사로 군 복무 5년을 마치고 제대했다. 군대 제대 후 어머니와 결혼하고 마땅한 직업이 없던 아버지는 채소 장사를 시작하였다. 수입이 넉넉치 않아 어머니는 허약한 몸으로 물질해야만 했다. 부지런한 탓에 물질이 없는 날이면 한푼이라도 더 벌기 위해 남의 밭에서 일하셨다. 지금 생각해 보면 한가하게 집에 앉아 있는 시간이 없던 것으로 보였다. 부지런한 덕분에 중학교를 입학하면서 남의 집에 살다가, 집을 사고 큰 집으로 이사하게 되었다.

---

[1] 옛날에 가볍고 얇은 천으로 만든 해녀 옷
[2] 방수와 보온이 잘되도록 고무로 만든 잠수복

4면이 바다인 제주도는 해양성 기후 탓에 바다에서는 조금만 바람 불어도 파도가 높아지면서 태풍이 부는 것 같아서 무섭다. 나중에 알았지만 바위를 집어삼킬 듯한 집채만한 파도나 강한 풍랑에도 빌레나 갯바위와 사이를 빠져나와 깊은 물속 잠수해 있으면 해일에도 안전하다는 것이었다. 한겨울도 보온이 되는 검정 고무옷이 해녀들에게 보급되면서 쉬는 날 없이 매일 같이 물질하게 되었다고 한다.

물질 마친 어머니가 해산물을 테왁망사리[3]에 가득 담고 불턱[4]으로 들어올 때면 등에 멘 테왁에서 물이 줄줄 흐르는 것이었다, 옆에서 지켜보다가 함께 따라 불턱 안으로 들어가면 불을 붙진 장작이 활활 타오르고 있었다. 장시간 물질로 저체온증을 막기 위해 불턱 안에 먼저 들어 온 해녀가 장작불을 피워 놓은 것이다. 해녀들은 불꽃이 서서히 사그라질 때면 집에서 가져온 제사 퇴물인 송편과 하얀 시루떡을 불 위에서 구워 먹을 때 수다와 웃음소리가 끊이지 않았다. 물속에서 시렸던 것은 안중에도 없었다. 해녀들은 장작불 옆에서 신나게 이야기하면서 떠들려고 오는 것으로 생각했었다.

해녀들은 꼭 돈을 벌기 위해서 물질하는 것 보다 불턱에서 집안 어려운 사정을 의논하면서 서로 도움을 주고받았다. 집

---

[3] 물속에서 채취한 해산물을 담아놓는 망사리
[4] 해녀들이 옷을 갈아입기도 하고 불을 피워 몸을 말리며 잠시 쉬는 장소

안에 숟가락이 몇 개 있는지 아는 처지로 척박한 환경에 서로 의지할 수밖에 없었다.

    어머니는 해녀로 생활하다 몇 년 전 잠수병으로 고막이 상하면서 통증에 시달리고 계시다. 말을 제대로 듣지 못해 해녀 일을 그만두고 구십 삼세를 넘기고 있다. 바다는 농사를 지었던 밭과 같은 존재로 바다를 쳐다보면 늘 고마운 생각이 든다고 하셨다. 바다가 있어서 우리 가족이 먹고살 수 있었다고 하셨다. 바다는 힘들고 가난했던 시절 어머니가 그나마 기댈 수 있는 언덕이었다.

 ## 동방파제에서

 제주항 동방파제에 나오자 가슴이 확 트이며, 새파란 빛으로 윤이 나는 바다가 아름답다. 에메랄드빛 물결이 기내에서 하늘을 날면서 바다를 쳐다보는 느낌이다. 숭어가 물위로 튀어오르는 모습도 한결 여유롭다.
 방파제 밑에는 해조류가 해류와 파도에 흔들거리는 모습이 여유롭다. 마치 바닷물 속 치어 떼 같다. 만조로 항구에 정박한 배의 색깔이 바닷물에 반사되는 햇빛에 더욱 눈이 부셨다. 번쩍이며 아지랑이처럼 피어오르는 바닷물이 오아시스 같다.
 파도가 넘칠 듯이 찰싹거리는 방파제를 보면서 백중절을 떠올렸다. 백중 때면 물에 들어갔다 나왔다를 백번 반복하면, 피부병이 생기지 않는다는 얘기가 있다. 바다의 신성한 처방이 민간요법으로 전해 왔었다.

방파제는 강풍이나 소용돌이를 일으키는 집채만한 파도로부터 배와 집을 보호하려는 것이다. 방파제는 흑색의 울퉁불퉁한 암반 대신 테트라포드가 둘레를 감싸고 있다. 테트라포드에는 옆과 밑으로 따개비가 원시 암각화처럼 보였다. 예전에는 생각도 못 했던 테트라포드 공법으로 바다쪽으로 길게 방파제를 쌓아 수심 깊은 그곳까지 물 위로 걸어갈 수 있다. 방파제 길이가 1.5km로 사리때는 바다 한가운데 서 있는 느낌이다.

방파제에 부딪치며 흩어지는 물보라가 시원하다. 멀리서 보이는 사라봉 해안 절벽에는 갈매기가 앉거나 날아오르는 자리에 물새 똥 흔적이 분칠한 것처럼 새하얗다. 옛날에는 파도를 막아줄만한 바위를 방파제 삼아 포구를 만들었다. 방파제로 쓰였던 갯바위가 밀물로 반쯤 잠겨 있다. 문명의 발달로 세월 앞에 영원한 것은 없다는 말이 생각나게 했다.

한참을 걷다 보니 짭조름한 냄새가 성게의 향기처럼 달콤해 보인다. 방파제 끝에서 소용돌이 일으키며 오가는 배로, 바다 한가운데서 섬을 바라보고 있는 듯한 착각이 든다.

굴뚝에서 매연을 내뿜으며 항구로 오가는 배가 힘차 보인다. 어느 항구에서 들어오고, 나가려는지 궁금하다. 강태공들이 오가는 배와 바다를 보면서 낚시하고 있다. 낚시하면서 바다에서 고단함을 잊으려 하는 것 같다.

바다는 날씨에 따라 잔잔하다가도, 지체 못 하는 풍랑이 해상에 있는 것을 삽시간에 집어삼키기도 한다. 그렇다고 심술궂은 두 얼굴이라고도 할 수 없다. 거센 해일이 해산물과 해초에 영양분이 된다.

바다 한가운데 물결과 함께 출렁이는 비닐봉지가 눈에 거슬리게 하였다. 물 밑으로 폐어구로 혼탁한다면 정신을 맑게 할 수 없다. 바다 자체를 보호하려는 숨은 노력이 있었기에 방파제를 걸으면서 호사를 누리고 있다.

방파제에서 나 자신도 모르는 머릿속 엔돌핀을 받으러 왔는지도 모른다. 늘 열려 있는 바다는 늘 어머니의 품처럼 포근하게 해 주었다.

 ## 낚시 갔던 일

내일은 요트 타고 낚시하기로 하였다. 요트 낚시는 꿩먹고 알먹기처럼 일석이조다. 바다의 해안 경관을 감상할 수 있을 뿐 아니라 손맛도 볼 수 있기 때문이다.

아침에 낚시하기 위해 도두항 입구 내렸다. 강줄기 같은 수로를 따라 걷다 보니 도두항 선착장에는 유람선과 크고 작은 어선 근처로 요트가 보였다. 햇볕에 반사되어 윤기가 자르르 흐르는 하얀 요트가 영화에서 보았던 외계 우주선 같다.

기념품과 음료수 파는 휴게소 뒤로는 출항하지 않은 유람선과 어선들 사이로 발라드풍의 트로트가 경쾌하다. 행사장이나 야외공연장에 나온 느낌이다. 카페 앞에서 따뜻한 커피를 마시면서 일행이 오기를 기다린다.

살살 부는 바람이 설레게 한다. 커피잔을 들고 주차장 위에 있는 도두봉을 쳐다보았다. 빽

빽히 들어찬 활엽수와 침엽수의 새파란 나무들로 산세가 웅장하다. 우거진 숲으로 도두봉의 아름답고 험준한 모습을 한눈에 반하게 했다.

백록담 위로는 말뚝 모양의 뭉게구름으로 날씨가 심상치 않았다. 옛날에는 1톤 되는 떼배를 타고 손으로 노를 저으며 먼 바다에 나가 조업하면서 한라산을 쳐다본다. 백록담에 검은 구름이 보이면 조만간 강풍이 몰아친다는 징조이기 때문에 조업을 멈추고 서둘로 항구로 귀환했었다.

지래 군침을 흘리듯이 빨리 요트에서 대어를 낚아 썰어 먹고 싶었다. 이왕에 낚시하려면 다른 배보다 일찍 바다 가운데로 나가고 싶었다. 수심 깊은 수중 암초에서 붉은 우럭이나 커다란 고기가 몰린다.

주차장에서 걸어오는 사람을 쳐다보며, 일행인지 확인하기 시작했다. 손에 차고 있던 시계를 들여다보았더니 약속 시간을 훨씬 넘기고 있었다. 사람을 기다리는 것도 낚시하는 것처럼 인내가 필요해 보인다. 목 빠지도록 기다리던 지인이 차에서 내리고 있어 달려가 부둥켜안아 주고 싶었다. 곁에 다가온 친구의 얼굴을 쳐다보았더니, 배시시 웃는 것이었다.

휴게소 앞에 같이 앉게 되었다. 집에서 끓여 온 커피와 비닐봉지에서 빵까지 꺼내면서 주는 것이었다. 배가 불러야 뱃멀미하지 않는 것을 알았는지 음료수와 함께 과자도 여러 봉지 사 온 것이다. 음료수, 빵과 과자를 들고 내미는 모습에 뒤늦게

온 친구가 대견해 보였다.

나눠준 빵을 먹으면서 수영은 잘하는지, 뱃멀미는 하지 않는지 등 뜬금없는 얘기에 귀엽게 느껴졌다. 안전을 위해 하는 말이려니 했다. 이야기하면서 가져온 간식을 먹고 요트가 있는 계류장으로 함께 걷기 시작했다.

철재로 만든 계류장 경사를 따라 바닥에 내려오자 소형 고무보트와 무동력 4인용, 2인용 하얀 요트가 보였다. 요트 물양장은 플라스틱 합성수지로 만들어져 있어 푹신푹신하면서 흔들거렸다. 휠체어를 타고 요트까지 가는데 비틀거렸다.

도움을 받고 요트에 승선하자 밧줄로 요트 돛대를 고정시키는 것이었다. 친구가 땀을 뻘뻘 흘리며 돛대 설치가 끝이 나자 다른 요트로 출발 신호를 보내는 것이었다. 미끼와 낚싯대를 요트 안에서 찾아보아도 보이지 않았다. 요트 낚시 얘기를 했더니, 오늘은 요트 체험하고 낚시는 익숙해지면 하자는 것이었다. 요트선수 양성을 위해 데리고 온 것을 모르고, 요트 낚시를 미끼로 넘어갔다는 생각에 웃음이 나왔다.

몸을 자유자재로 움직일 수 없어 요트나 보트에 올라타려면 힘들 것 같다고 하였더니, 비장애인 요트 강사가 요령을 가르쳐 주게 될 거라 하였다. 아무리 생각해 봐도 카약 같은 2인승 요트를 타고 경기에 출전하기는 힘들어 보였다. 욕창 위험을 감소하면서 요트선수가 되고 싶지 않았다. 요트를 타고 낚시하러 나온 것이라고 항변해보았지만 소용없었다. 요트낚시는 선수 요트훈련용이라 낚시는 힘들다는 것이었다. 돌다리도 두들겨 보고 건너라는 속담이 생각하게 했다. 이왕 온 김에 요트를 즐겁게 타다가 집에 가기로 하였다. 요트를 타고 파도가 넘실대는 항구 밖으로 나오자 2인승 요트는 바닷물에 부딪히며 찰랑대는 것이었다. 중심 잡기가 쉽지 않았다.

밀려오는 파도에 요트는 오뚝이처럼 45도로 기울었다 복원되는 것이었다. 언제 선수용 요트를 타 보겠어? 긴장감이 만점이다.

도두 방파제가 희미할 정도로 멀리 나가자, 해무로 요트가 물 위에 고요히 떠 있는 듯하였다. 멸치 떼가 요트에 부딪히며 팔딱팔딱 튀어 오르는 모습이 귀여우며 신기하기만 하였다. 낚싯대만 있었더라면 헤밍웨이 『노인과 바다』의 소설 내용처럼 큰 고기가 잡힐 것 같다. 넓은 바다와 방파제를 사이에 두고 타원형으로 돌다 보니 갑자기 하늘이 흐려지면서 거친 파도로 요트가 위아래로 요동치는 것이다. 백록담도 구름에 가려 보이지 않았다.

동료들과 워키토키로 통화하면서 철수를 결정하는 것이었다. 콩알 같은 빗방울이 바다에 거품이 일도록 톡톡 떨어지는 것이었다. 바람이 휑휑 소리를 내며 불더니 소나기가 삽시간에 쏟아졌다. 입고 있던 구명조끼 안으로 빗물이 들어갔다. 목이 말랐는데 빗물 세례로 목이 축여지는 것이었다.

어린 시절 먼바다에서 장대비와 큰 파도를 여러 번 경험해 봤었다. 그 덕분에 겁은 나지 않았다. 거친 물살을 피하려고 요트는 타원형을 그리며 항구로 들어가는 것이었다. 입고 있던 속옷이 흠뻑 젖어 있어도 기분은 최고였다.

언제 비 오는 날씨에 요트를 타 보겠는가? 잃은 것이 있으면 얻는 것도 있듯이 바다 가운데서 비날씨 체험이 소중한 어린시절 추억이 되살아 나게 했다.

 ## 요트 타보기

　아침 일찍부터 장애인 자립생활센터에서 기술 훈련 지원을 받고 김녕 요트 선착장으로 출발했다. 호텔, 철도, 관광지 등을 장애인이 이용할 수 있나 하는 체험이다. 제주시에서 관광객들이 요트를 타기 위해 찾는 곳이다. 차를 타고 가끔 일주도로로 요트장 앞을 지날 때마다 정박해 있는 요트를 보면서 한번쯤 타고 싶었지만, 요트 승선 요금도 모르거니와 휠체어를 타고 있어서 생각할 수도 없었다. 운이 좋게 요트 탈 기회가 생기게 되었다. 하얀 요트를 상상하며 가다 보니 김녕 요트 선착장에 도착하게 되었다.
　차에서 아내와 함께 내리자, 아내는 요트 승선표를 사려고 매표소로 달려갔다. 혼자 가만히 서 있는 것보다 가까이 가서 요트를 보고 싶었다. 어린아이처럼 그새를 참지 못하고 요트를 보기 위해 가까이 갔더니 크고 작은 요트에 햇빛이 반사되면서 신비롭게 했다. 요트 안은 호화스럽게 음식을 만드는 주방 세트와 윤이 나는 선반 위에는 샴페인이 첫눈에 들어왔다. 고급스러운 호텔 뷔페식당 같은 분위기였다.

선착장에 묶여 있는 요트들끼리 서로 부딪히며 삐걱대는 것이었다. 또한 높아가는 너울로 휠체어에 앉아서 중심 잡기도 쉬워보이지도 않았다. 요트도 타고 싶지 않았다. 엉덩이 욕창이 생각되었기 때문이었다. 그래도 내일 일은 내일 생각하기로 하고 요트와 함께 오늘 바다를 시원하게 유영하기로 했다. 요트를 보면서 생각에 잠기다보니, 아내는 표를 끊고 숨이 차게 달려오면서 미소를 짓는 것이었다.

집에서 일찍 출발해서인지 요트 탑승 시간이 한 시간가량 남아 있다고 했다. 아내와 요트를 배경으로 사진 찍기 시작하였다.

기념사진을 찍다 보니 요트 계류장 입구에서 관광객들이 줄을 서기 시작하였다. 승선표를 꺼내고 뒤로 줄을 섰다.

입구에서 초조하게 기다리면서 승선표를 받는 사람에게 언제 타게 되는지 물었더니, "손님이 모두 내리면 장애인이라 먼저 태워 주겠다"고 하였다. 요트에 승선했던 관광객들이 모두 빠져나가자, 대기중인 승객들에게 탑승하라는 안내방송이 들렸다. 요트를 타기 위해 승무원의 안내로 수동휠체어를 타고 이동했다. 구름다리처럼 출렁이는 난간 같은 경사로와 다리를 따라서 가다 보니 흔들거리는 요트 입구였다.

요트 승무원의 도움을 받고 요트에 승선하자 안에는 갑판

천장은 파라솔처럼 차광막이 되어 있었다. 해안 풍광을 잘 볼 수 있게 위 칸 선미에서 선원이 주는 구명조끼를 착용하고 요트 관광이 준비되었다. 파라솔이 펴진 하얀 테이블 위에는 붉게 빛나는 와인과 광어회와 함께 초고추장이 놓여 있었다. 선원에게 먹어도 되느냐 묻자, 요트가 출항하기 전 먹어야 한다고 했다. 그 말을 듣는 순간 뜸들일 필요없이 광어회를 집어 초장에 찍어서 입속에 넣자 짭조름하며 고소한 맛이 느껴졌다.

    요트 관광객들이 승선乘船하고 차려놓은 만찬이 끝나자. 엔진에서 사르르 미세한 진동을 내며 요트가 방파제를 벗어나는 것이었다. 요트가 달리자 시원한 바닷바람과 나무숲과 고층건물들이 땅에서는 보는 것과는 색다른 풍경이다.

    푸른 파도 위를 한 시간가량 선회하던 요트가 멈춰 서자, 선원이 갑판으로 달려와서는 바다낚시 체험할 거라면서 옆에 있던 낚싯대에서 미끼를 꿰고 나눠주는 것이었다. 낚싯대에 정신을 집중하면서 낚시 실력 발휘하기로 했다. 첫 입질에서는 전갱이가 쌍으로 올라오자 함께 낚시하던 사람들은 부러워하였다. 더 큰 고기를 낚으려고 미끼를 고기가 먹음직스럽게 꿰어서 낚시를 멀리 던지자 놀래기가 올라오는 것이었다. 시간이 흐르면서 요트가 조류에 떠밀려 입질이 전혀 없는 것이었다. '조금 전까지만 해도 놀래기와 전갱이로 손맛을 보았는데'라고 생각하며, 답답한 마음에 바다 깊이를 물어보았다. 수심이 6~8미터라 했다. 낚싯줄이 빠른 유속에 휘말리며 가라앉지 않는 것이었다. 낚싯줄을 빨리 잡아당기고 퐁당 소리가 들린 정도로 옆에 있는 추를

두 개 묶어서 요트 밑에 넣자 금새 채갔다. 힘껏 당겼더니 암초에 걸린 것처럼 뻗치는 것이었다. 혼자 할 수 없어서 선원을 부르고 고기를 간판 위로 올리자, 참외만한 황복어가 올라왔다.

    삼십여 분간 낚시를 마치고 일행이 잡은 팔뚝만 한 붉은 우럭과 볼락 서너 마리를 즉석에서 회를 뜨고 시식하였다. 접시 가득한 볼락회 한 점을 먹어보았더니 쫀득쫀득하면서 입안에서 꿈틀대는 것이었다.

    비닐봉지 속에 놓아둔 복어는 입으로 비닐봉지에 구멍을 내고 밖으로 탈출을 시도 하는 것이었다. 관광객들도 복어가 가여워 보였는지 물속으로 놓아주었으면 좋겠다고 하였다. 겨울 복어는 독이 약하기에 겨울철 별미로 최고다. 못 들은 척하고 집에서 먹기 위해 목에 감고 있던 노란 수건으로 복어를 둘둘 말아서 은근슬쩍 휠체어에 달린 가방 안에 집어넣었다. 가방 안에서도 타닥타닥 요동치는 것이었다.

    낚시를 끝으로 요트 관광 기술 훈련을 마치게 되었다. 요트는 속력을 내며 선착장으로 달리자 높아지는 파도로 비행기에서 난기류를 만난 것처럼 심장을 붕 뜨게 하는 것이었다. 굳이 표현을 하자면 롤러코스트 레일처럼 올랐다 내려갔다 하는 요트가 하늘위로 떠오르는 기분이다.

    예나 지금이나 소망 일게 하는 것은 하지마비란 신체의 변화를 두려워하지 않는 것으로 생각이 되었다. 요트타보기 체험에서 뭐든지 할 수 있다는 자신감을 얻게 되었다.

 ## 해양스포츠 체험

지체장애인협회가 주관하는 해양스포츠를 체험하기 위해 일찍 눈을 떴다. 장대비가 내려 행사가 제대로 진행될지 걱정됐다. 가는 날이 장날이 아니길 바랄 뿐이다. 낚시는 둘째가라면 서러울 정도다. 장애인 자립센터 바다낚시 대회에 일등을 두 번이나 했었다. 그 덕분에 푸짐한 상금과 저녁 텔레비전 뉴스에 낚시 일등 소감 인터뷰 하기도 했었다.

코로나19 범유행으로 몇 년 만에 열리는 행사다. 비로 취소되지 않을까 주최 측 관계자와 통화하였더니, 행사장에는 천막을 쳐 놓아 예정대로 진행할 거라 했다.

행사장에는 주차하기가 쉽지 않을 거란 생각에 일찍 함덕해수욕장으로 출발했다. 행사장에 왔더니, 혼잡을 이루는 자동차와 구름 인파로 줄을 잇고 있다. 마치 북극의 펭귄들이 모여서

소리를 지르는 모습과 흡사해 보였다. 도로 건너편으로 보이는 수 많은 게르 모양으로 된 천막이 행사장이었다. 쏟아지는 비로 인해 잔디광장이 물바다였다.

행사장 연단에는 흥겹고 경쾌한 리듬의 트로트 가수 노랫소리가 축제장이란 걸 실감 나게 했다. 일행들이 관광버스와 개인별로 하나둘씩 도착하고 있다. 쏟아지는 장대비로 바나나보트 체험이나, 낚시는 힘들 것으로 보였다.

초청가수 노래가 끝나자. 진행자의 마이크 소리로 개회식을 하게 됐다. 식순에 따라 국민의례와 내빈 소개 등이 이어졌고 마침내 개회식이 끝나자, 점심시간에 들어갔다. 점심을 먹고 있는데 요란스럽던 빗줄기가 그쳤다. 낚시하기에는 무리가 없어 살짝 기분이 좋았다.

점심 식사가 끝나자, 해수욕장 풍경을 멀리서라도 감상하기로 했다. 모래사장 너머로 보이는 알록달록한 수영복과 바나나보트가 새파란 파도를 가르며 달리고 있다. 전동바이크로 잔디광장을 둘러보았다. 벼랑으로 이어진 함덕리 서우봉 새파란 수목이 선명하다. 하늘과 맞닿은 수평선 끝으로 바다가 육지처럼 보였다.

오후 진행으로 낚시 체험할 사람들이 차에 오르게 되었다. 낚시 체험 인원 점검이 끝나자 차는 출발했다. 리프트 달린 다인승 승합차로 해수욕장을 가로지르며 내닫는 풍경이 한여름이란 걸 속일 수 없다. 모래사장과 길가에는 해수욕복을 입은 사람들로 문전성시를 이루고 있다. 바다 한가운데서 돛단배처럼 생긴 서핑보드 타는 모습이 시원한 피서지를 찾는 여름은 여름이다.

넓게 펼쳐진 바다를 보면서 재작년에 행사가 열렸던 장애인 낚시 체험장에 도착했다. 바다와 이어진 물통에 고기를 가두어 놓는 유료 낚시터였다. 썰물 때면 고기 입질이 뜸하지만, 밀물 때는 고기 잡기 좋을 거라 했다. 합성수지 부표로 통로를 만들어 낚시하기 좋게 되어 있었다. 인솔자를 따라 낚시터 가운데로 갔다. 안전 난간이 설치된 옆에 낚싯대와 미끼가 보였다. 그곳에서 순서대로 앉아서 낚시대회는 시작됐다.

낚시대회에서 1, 2, 3등 상금이 걸려 있다. 밑밥을 뿌리면서 흩어졌던 고기가 모이길 바랐다. 예상과 달리 깜깜무소식이다. 우리 쪽 가두리에는 고기 입질이 없다. 건너편 가두리에서는 함성을 지르며 돔, 우럭 숭어를 낚고 있다. 끈기 있게 낚시에 집중하는 모습이 가상해서인지, 방송국 카메라가 나에게 다가와 인터뷰하였다. 인터뷰 도중 옆에서는 신기하게 큰 고기가 올라오기 시작했다.

방송국 기자와 카메라맨이 마이크를 앞에 대고 바다낚시 소감을 질문했다. "일 년에 한 번 사면의 바다에서 레저 활동이 좋기만 합니다. 집에 있어서 뭐 하나요. 장애인들에게는 낚시 체험이 힐링이 되는 것 같습니다." 텔레비전 인터뷰하면서 고기를 많이 잡을 수 있었으면 좋겠다고 하였다.

요즘 바다에는 해수면 온도 상승과 환경오염 등으로 고기가 씨가 마르고 있다고 한다. 지구 환경 훼손의 심각성을 새삼 인지하게 된다. 하지만 바다낚시 체험에 소싯적 강태공 얘기가 뭔 필요 있겠는가! 현 상황이 중요하다. 회원들과 가두리 양식장 가운데 낚싯바늘을 던지고 고기 입질을 기다릴 뿐이다. 방파제나 갯바위에서 낚시하던 시절이 점점 멀어져 가는 것 같아 아쉽기만 하다.
　해양스포츠 체험 행사를 끝내면서 큰 고기를 낚지 못한 대신, 경품 추첨으로 푸짐한 선물을 받게 되었다.

 ## 서귀포 유람선 여행

　유람선을 타기 위해 서귀포 선착장에 나왔다. 비릿한 생선 냄새가 항구란 걸 실감 나게 했다. 평일이라 유람선 매표소는 한산하였다. 표를 예매하고 유람선을 타기 위해 배 앞에 서자 유람선이 흔들거렸다. 유람선을 타서 바다 한복판으로 나가고 싶어졌다. 어부들이 두터운 우비를 입고 주낙을 배에서 내리고 있다. 밤샘 조업으로 얼굴이 벌겋다. 배가 들어올 때마다 잔잔해진 바닷물이 파문을 열면서 물결이 물양장 위로 넘친다.
　유람선 승선할 시간이 더디게만 느껴진다. 갑자기 유람선에서 우당탕 엔진 소리가 요란하게 들렸다. 손목시계를 쳐다봤더니 오전 11시 30분을 가리고 있다. 엔진 소리와 함께 유람선 탐승과 출항을 알리는 승무원의 목소리가 쌩쌩하다.
　승선 방송에 맞춰 유람선 안으로 들어갔다.

표 확인이 끝이 나자. 구명복을 입고 나면 배를 출발할 거라 한다. 이윽고 천장과 벽면에 달린 스피커에서 부웅~부웅~하는 출발신호와 함께 유람선은 요란한 엔진소리를 내면서 선착장을 출렁거리며 빠져나갔다.

유람선이 항구를 천천히 빠져 나오자, 창밖에는 타원형의 하얀색 새연교 다리가 보였다. 새연교를 자세히 보기위해 선실 밖에 나왔다. 새연교 옆 새섬에는 소나무가 푸른색으로 울창하다. 방송에 새연교 건립 기간이 3년으로 돛단배 형상으로 만든 다리라 했다. 갖가지 형상으로 된 갯바위가 천혜의 아름다움을 과시하는 것 같다.

유람선이 항구와 멀어졌다. 선실 밖에는 안개 같은 해수가 이마에 닿자 촉감이 좋았다. 새섬이 멀어지면서 커다란 절벽 밑으로 거대한 화강암 절벽이 보였다. 송악산 암석 벽면에 일제강점기 때 일본군이 거대한 화강암 바위에 군사용으로 뚫어놓은 진지 동굴이 용암이 흐르면서 군은 동굴처럼 보였다.

높아지는 파도가 무섭기보다는 전율을 느끼게 했다. 유람선과 부딪치는 파도에 옷이 젖고 있다. 손과 얼굴도 시리게 한다. 하얀 파도는 회오리처럼 다가와 바위에서 무지갯빛을 만들고 있다. 겨울철 무지개가 신기하게 느껴졌다.

해안선 경관을 찍기 위해 휴대전화를 꺼내었다. 멀리서 보이는 거대한 암반과 계곡이 용머리해안이다. 소나무와 거대한 바위가 들어낸 산방산 너머로 단산이 보인다. 단산은 제주도 최초로 폭발한 화산이다. 용머리해안을 배경으로 사진 찍기에 여념 없다. 사진을 찍다 보니 그 경이로움에 조물주가 빚어낸 걸작품이란 생각이 드는 것이었다. 어느새 유람선은 형제섬을 한 바퀴 돌고 있다.

입동이 지나 쪽빛 바다 너머로 보이는 억새는 하얀색으로 동산을 만들고 있다. 서귀포에서 배를 타고 섬과 바위를 둘러보고 싶었다. 집에서 텀블러에 담아온 커피를 마시다 보니 갈매기 소리가 들린다.

유람선이 속력을 올리며 거대한 화강암으로 이뤄진 섬을 지날 때 해녀들이 물질하는 모습이 보였다. 자연스럽게 어머니가 떠올려 졌다. 어머니도 이 시간에 조류에 몸을 맡기고 해산물을 건져 올리는 생각이 들었기 때문이다. 물 위에 떠있는 범섬 암석 벼랑은 거대한 주상절리로 장식하는 것 같다. 범섬 암벽이 주상절같은 시루떡을 만들어 용왕님께 고수레 하려나보다. 떨어진 주상절 만큼 커다란 고기를 잡게 해 달라고.

소식적 고향 세빌레는 섬 근처에서 낚시하기 위해 둥그런 플라스틱 부표 여러 개를 평상처럼 연결하여 손으로 노저으며 해안과 떨어진 깊은 바다 가운데로 나간 적이 있다. 겁이 없을 때였다. 어렝이와 뱅어를 낚다 보면 양옆으로 돌고래떼가 지나갔었다. 무섭기도 하면서도 친숙한 느낌이 들었다. 나도 모르게 와~ 하고는 물알로 물알로 소근거렸었다. 구명장비 없어 무모해 보이지만, 바다 가운데서는 편안하기만 했다.

바다의 추억을 생각하다 보니 어느새 유람선이 승선했던 항구가 가까워지고 있었다.

선실 안이 궁금해서 안으로 들어왔다. 관광해설사는 서귀포에서 진시황이 먹을 불로초를 캐지 못하고 중국으로 돌아간 서불 얘기와 2010년 세계지질공원이 인증되면서 세계 유일의 유네스코 자연과학분야 3관왕을 달성했다는 것이다.

서불에 대해 좀더 알고 싶다는 질문에, 서불이 진나라로 떠나기 전 정방폭포 바위에 서불과지란 글씨를 새겨 놓았다고 하셨다. 서불과지는 서불이 서쪽으로 지나갔다란 뜻이라 했다.

조금전에 보았던 범섬 둘레에서는 여름부터 봄까지 갈치와 고등어가 많이 잡힌다고 한다. 또한 겨울에는 방어가 많이 잡혀 모슬포에서 방어 축제가 해마다 연다고 하였다.

유람선은 강정해군기지 근처를 선회한 후, 다시 서귀포항으로 돌아오자 방어 조업 나갈 준비하는 어선에서 음악이 흘러나오고 있었다.

땅을 밟은 순간 흙냄새와 맑은 공기, 바다, 하늘이 아름답고 상쾌했다. 양팔을 벌리고 숨을 크게 쉬었다. 아름다운 서귀포 바다에서 풍기는 공기로 가슴을 벅차게 하였다. 노랫소리가 경쾌하게 느껴졌다. 노랫소리만큼 신나게 방어를 많이 잡았으면하는 바람을 품어보았다.

 숭어

    탐라복지관 낚시동아리에서 낚시 가기로 했다. 지난주 낚시대회에서 큼직한 숭어를 서너 마리 잡아 일등을 차지하면서 JIBS 방송 저녁 8시 첫 뉴스로 고기 낚아 올리는 모습과 인터뷰 내용이 몇 분간 방송되기도 했다.
    오늘도 35도를 웃도는 폭염주의보로 낚시하기가 만만치 않은 날씨다. 고기 반 물만이란 얘기처럼 흔한 숭어를 낚기로 했다.
    서둘러 복지관을 거쳐 일행들과 함께 방파제로 출발했다. 높은 둑과 시멘트로 거대하게 만든 삼발이가 놓인 곳은 휠체어를 타고 있어 낚시할 수 없다. 동료들과 조천 방파제로 왔다. 만조로 연승 어선갑판이 물양장과 평행선을 이루고 있었다. 낚시하려면 물이 빠지던지, 들어오던지 조류가 흘러야 대상 어종을 낚을 수 있다. 열두물로 조수가 최고조에 이르러서인지 낚시하는 사람도 보이지 않았다.

낚시할 장소를 잡기 위해 서성이다 낚시대회 때 큼직한 숭어를 잡았던 곳에서 혼자 낚시하기로 했다. 자리를 옮겨 고기를 유혹하기 위한 밑밥을 뿌려도 잔챙이 입질도 없다. 그 많던 숭어가 어디 숨었는지 감감 무소식이다. 숭어를 불러들이기 위해 밑밥을 사방으로 뿌려 댔다. 지겹도록 보아왔던 자리돔도 보이지 않는다. 기대와 달리 고기가 올라오지 않아 손바닥이 땀으로 끈적끈적하게 했다.

해마다 숭어를 낚으려고 오면 숭어가 많은 만큼 살림망도 두둑하게 했다. 낚싯대에 집중하다 지루해지면서 목이 말랐다. 봉사자가 반대쪽에 있어 휴대전화로 생수를 부탁하고 낚싯대를 손에 불끈 쥐고 묵묵히 앉아 있다. 반대편에서 낚시하던 동료들이 숭어가 올라오다 떨어졌다고 고함지르는 것이었다.

휴대전화를 받고 달려 온 봉사자는 반대편에서는 큰 숭어가 보인다는 얘기에 자리를 옮겨야 했다. 고기는 다니는 길목에서 물게 된다. 물 마실 새도 없이 동료들이 있는 곳에 왔더니 숭어들이 득실대는 것이었다. 먼저 본 사람이 주인이란 우스갯소리처럼 낚시하는 동료 틈바구니에서 미끼 꿰기 무섭게 낚싯줄을 멀리 던졌다.

눈앞에 보이는 고기는 물지 않는다고 하지만 숭어는 예외다. 늦가을부터 5월까지는 지방층으로 눈이 덮여 앞이 보이지 않는다. 호흡하면서 미끼를 빨아들이기에 낚시바늘이 입안에 걸리게 된다. 수심 중간에 떠다니는 숭어 앞으로 낚싯줄을 던지자 물 위에 떠 있는 찌가 물속으로 쑥 빨려 들어가는 것이었다. 그 순식간 낚싯대를 힘껏 후려쳤더니 낚싯대가 활처럼 휘어지는 것이었다. 낚싯대에 걸린 숭어는 빠져나가려고 온 힘을 다해 발버둥을 치면서 파닥거리는 것이었다. 숭어는 물장구를 일으키며 동료의 낚싯줄 위로 쏜살같이 다니는 것이었다. 낚싯줄을 사이에 두고 숭어와 접전을 벌이다 보니 숭어가 힘이 빠졌는지 입을 벌리고 수면 위로 떠올랐다. 부레에 공기가 찼기 때문이다. 그 틈을 놓치지 않고 팔뚝만 한 숭어를 뜰채 안에 담자, 물결이 참살이로 출렁거리게 하는 것이었다.

예전 같지 않게 해양환경이 시시각각 변해가고 있다. 숭어가 자리돔처럼 없어질지 걱정이다. 내가 할 수 있는 것은 보이지 않는다. 우리 바다를 떠난 고기를 다시 불러들이려면 화석연료를 줄이면서 지구 온난화 막는 방법밖에 없어 보인다.

Episode

꽃

배롱나무
벚꽃
베고니아 꽃
조밤나무
수선화

조밤나무는 운치가 있다.

|

나뭇잎 바람에 갈대처럼 흔들리며
사그락 사그락 소리를 낸다.
비오는 날에는 후두둑 후두둑,
눈이 올 때는
봄을 기다리는 것처럼 조용하다.

 ## 배롱나무

　공원 산책을 하다 배롱나무 앞에서 걸음을 멈추었다. 홍자색 수피로 유선형으로 잎사귀부터 뿌리까지 뻗어 내린 나뭇가지가 매끄럽게 보인다. 배롱나무에서 참새가 연분홍으로 핀 꽃 위를 오가며 짹짹거리는 모습이 정경산수화가 그려진 병풍을 생각나게 했다.
　세파를 겪으면서 감정이 메말라서인지 예전 같지 않지만 오랫만에 보는 배롱나무가 반갑게 했다. 길을 걷다 배롱나무에 꽃이 피든, 안 피든간에 신기하게 쳐다보는 경향이 있다. 그래서인지 오래 보게 된다.
　배롱나무와 백일홍을 구분 못 할 때였다. 분재는 대궐 같은 큰 집에서나 가끔 볼 때였다. 할머니 따라 수박 밭이나, 산소에 가면 배롱나무를 보게 된다. 꽃이 오롯이 피어 있어 분재로 키우고 싶다고 했다. 할머니는 산소에 있는 것을 집 마당이나 텃밭에 심지 않는다고 하셨다. 배롱나무를 보는 것에 만족하며 성년이 지나서도 집에 심는 것을 생각은 아예 하지도 않았었다.

배롱나무를 좋아하다 보니 옛날 읽었던 책이 어렴풋이 생각났다. 가운데 불그스름히 속살을 드러낸 무늬를 손톱으로 긁으면 나무가 간지럼 타듯이 흔들거려 간질나무, 또는 간지럼나무라 부른다고 했다. 일본에서는 나무 표면이 미끄러워 나무를 잘 타는 원숭이도 미끄러진다는 말이 있다. 손톱으로 긁으면 흔들리나 시험해 보고 싶어도 휠체어를 타고 있어 나무를 손으로 만질 수 없었다.

배롱나무에 대한 애틋한 단상을 50년 이상 마음속에 간직해 왔었다. 상상이나 전설 속의 꽃처럼, 소녀가 소년을 기다린다. 지쳐서 그 자리에서 죽고 꽃으로 환생하고 백 일 동안 피었다 지는 꽃으로 배롱나무를 백일홍으로 기억하고 있었다. 백일홍은 남미에서 잡초로 취급됐으나, 타국으로 건너오면서 화훼작물로 각광 받고 있다.

몇 년 전 강원도에 단체여행을 간 일이 있었다. 서울에서 아침을 먹고 강원도에 들어서자, 배롱나무 가로수 길이 보였다. 꿈을 꾼 것처럼 깜짝 놀라게 했다. 산소에 심는 나무가 가로수로 변해 있으리라고는 생각도 못했다.

육지에서 관광을 마치고 조경회사 여러 군데를 돌며 수소문한 끝에 배롱나무를 정원에 심었더니 고사리처럼 하루가 다르게 쑥쑥 자라나는 것이었다. 한해가 지나자, 가지 위로 꽃송이가 붉은 매화처럼 주렁주렁 피기 시작했다.

배롱나무를 심은 곁에 넓적한 화강암 바위가 있다. 계절에 상관없이 배롱나무 밑에서 친구들과 함께 차를 마시곤 하였다. 배롱나무로 정원이 품위 있다고들 하였다. 배롱나무와 사색을 즐기다 보면 하루 피로를 풀게 했다.

배롱나무 원산지는 정확하지 않지만, 인도, 중국으로, 당 현종도 양귀비처럼 배롱나무를 좋아했다고 전해진다. 사육신 성삼문도 부처꽃에 속한 배롱나무를 좋아했다는 사실에 의아했다. 좋아했던 이유가 아마 고풍스런 멋으로 운치가 있어서 그랬나 보다.

배롱나무는 나에게 철없던 유년 시절부터 지금까지 아이러니하게도 보고 싶으며 기다리는 꽃이었다.

근린공원에서 아름답고 애절했던 배롱나무의 단상이 되살아나는 것이었다. 배롱나무에서 누리는 기쁨이 어린 시절처럼 아름답고 순진한 생각이 드는 것이었다. 꽃에 대한 기억은 늘 아름답다. 배롱나무는 나게게 그리움으로 다가오는 나무였다.

 ## 벚꽃

벚꽃이 피었다는 소문이 자자하다. 올해는 활짝 핀 벚꽃을 구경하고 싶었다. 벚꽃 핀 곳에 가 본 일이 손가락에 꼽힐 정도다. 지체장애인이 되기 전 직장을 다니면서 마지못해 서너 번 들러보았을 뿐이다. 낚시와 등산을 좋아하기에 벚꽃 구경은 안중에도 없었다.

날을 잡아 벚꽃을 보기 위해 아라동으로 출발했다. 제주대 입구에 이르기도 전에 차량이 정체로 인산인해를 이루었다. 차에서 내리고 벚꽃길을 걷자, 하얀 구름 속을 걷는 느낌이다. 꽃 터널을 따라 안으로 들어갈수록 종이처럼 얇은 꽃잎이 공중으로 휘날리면서 밑으로 뿌려지고 있었다. 꽃잎이 떨어진 바닥에는 꽃잎 융단을 깔아놓은 듯하다. 우와~! 벚꽃 길 안이 한 줄기 흰빛의 망중한이다. 벚꽃으로 장관을 이루고 있어 감탄사가 절로 나왔다. 바닥에 떨어진 꽃잎을 밟고는 조심스럽게 발을 뗀다. 꽃잎 사이로 맑은 햇살이 비치자 셋님의 꽃구경 나온 느낌이다.

누가 벚꽃에 향기가 없다고 했나! 달콤하게 코를 찌르는 향기는 카페라테다. 갖가지로 신기한 모습에 카메라에 담았다. 흰색으로 절정을 이룬 후 희미한 분홍색으로 시든다. 메뚜기도 한 철이라는 말을 입증하듯 만개한 벚꽃들은 흰 풍채로 한낮을 물들이고 있다.

해마다 절기축제! 계절축제가 열린다. 아라동 벚꽃 거리도 벚꽃축제장 같은 분위기다. 벚꽃 자생지는 아시아라 하지만, 우리나라가 원산지로 장미과에 속하는 꽃나무이다. 벚꽃은 3월에서부터 5월까지 만발한다.

여행지에서 사람들이 박물관이나 수목원에서 사물을 관찰할 때면 두 가지 생각을 하게 된다. 따지고 보면 바쁜 일정으로 그렇게 되기도 하지만, 하나는 신기한 것을 빨리 보려고, 두 번째는 더 많은 것을 보기 위해 빨리 걷는다. 성질 급한 사람 덕에 벚꽃을 느긋하게 보게 됐다. 이럴 때면 신은 공평하다고 말하게 된다. 천천히 걸으면서 남들이 보지 못한 것을 관찰하면서 시간을 보내고 있다.

어린 시절 초등학교 다니면서 할머니 따라 절에 가면 수령이 오래된 벚나무가 있었다. 2층 건물 높이로 꽃이 피면 아름다우면서 웅장해 지금도 잊지 못한다. 절간 마당이 파란 잎의 벚나무는 장관이었다.

벚꽃이 지고 매미 우는 뜨거운 여름이 시작되면 절간에서 친구들과 버찌를 따서 먹으면 맛이 최고였다. 지금처럼 과일이 풍족하지 않아 콩알만한 열매도 대접받았다. 커다란 벚나무에 서너 명이 매달려 버찌를 타고 있으면 절에 있던 보살 할머니들이 소리를 지르면, 스님은 나무 지팡이를 들고 나와 눈을 부릅뜨고 쳐다보았다. 쳐다보는 눈이 매서워 미끄럼타듯이 나무에서 쪼르륵 내려와 줄행랑쳤다. '스님과 보살 할머니들은 나무에서 떨어져 다칠까?' 걱정했는지 모를 일이다. 봄이 오면 벚꽃 경관으로 사찰이 더욱 경건해 보인다.

육지를 여행하다 보면 가로수로 도시의 위엄으로 품위를 느껴지게 한다. 도로를 개발하듯이 나무를 바꾸고 새로운 품종의 가로수를 심으려 한다. 분위기야 어떻든 오랜 나무는 오래된 멋으로 품위가 있다.

 ## 베고니아 꽃

처음 보는 꽃을 분갈이하고 있었다. 꽃 이름은 베고니아라 했다. 화분에 심어놓은 꽃은 30cm 정도 높이로 잎이 깻잎처럼 생겼다. 밤하늘에 보이는 별처럼 흰점이 무수히 박혀 있었다. 뒷면에는 진한 핑크색으로 앞면과는 매우 달랐다.

회사에서 함께 근무했던 동료직원 댁에서 보게 되었다. 어디서 구했는지 물어보았더니 자생지는 한라산으로 친구 집에서 얻어 온 것이라 하였다. 한라산에서 자란다는 말에 더욱 마음을 끌리는 것이었다.

또다시 땅바닥에 심어 놓았던 뿌리 하나를 화분에 옮겨 놓는 것이다. 두 개를 얻어와 화분과 땅에 심어 놓은 것이라 하였다. 갖고 싶어도, 오랜만에 찾아와서 달라고 하기에는 염치가 없어 말할 수는 없었다.

내 속마음을 읽었는지 동료직원이 화분에 심어 놓은 베고니아를 가져가라고 하는 것이었다. 그 말을 듣는 순간 빨리 집에 가고 싶었다. 그때부터 베고니아와 인연이 되었다.

얻어 온 베고니아를 아파트 베란다에 놓고 자세히 살펴보면서 보물을 소장한 듯이 하였다. 눈을 뜨면 제일 먼저 베고니아를 요리조리 살핀다. 가지는 한 땀 한 땀 매듭이 생기는 것이 대나무를 연상시키게 하였다. 생각도 못했던 베고니아를 얻게 돼, 아파트 안에서 베고니아 쳐다보는 할이 생긴 셈이 되었다.

한 달 후면 꽃이 핀다니 어떤 모양과 색으로 필지 궁금했다. 예전에는 컴맹으로 정보도 수집하기 어려웠었다. 지인을 통해 키우는 방법을 알게 되었다. 베고니아를 열흘에 한 번씩 물을 주면서 애지중지했다. 6월 중순부터 기대하던 베고니아가 꽃을 피웠다. 같은 아파트에 사는 손님이 찾아오면 꽃핀 것을 자랑하는 게 좋았다. 손님은 대수롭지 않는 듯이 "꽃을 좋아하나 봐요?" 한마디 하면서 커피만 마시고 가는 것이었다.

가을에 살던 아파트를 팔고 단독주택으로 이사를 했다. 마당이 넓어 가지고 온 베고니아를 정원석 옆에 심었다. 땅에 심어놓은 베고니아는 바람이 불면서 줄기는 톡톡 부러지고 뿌리만 남게 되었다. '화분에 계속 키울걸' 후회하면서 살릴 방법으로, 또다시 화분에 옮겨 놓았다.

봄이 되어 새잎이 돋아나길 학수고대하였지만, 결국엔 보물단지처럼 여겼던 베고니아가 죽고 말았다. 안타까움은 이루 말할 수가 없었다. 오일장에 베고니아를 사러 갔지만 개량종과 목성베고니아로 눈에 차지 않았다.

그 후 10년이란 세월이 흘러 친아우로 생각하는 동생 초청으로 한경면 용수리 집에 갔더니 연보라색으로 핀 베고니아가 보였다. 한라산 자락에 온 듯한 생각이 들었다. 중산간이라 한라산이 동네 동산에서 가깝게 보이는 곳이다.

오랫동안 베고니아를 계속 쳐다보자, 색깔과 향기를 피부로 느낄 수 있었다. 봉숭아꽃처럼 주렁주렁 달린 꽃을 보며 휴대전화를 꺼내어 여러 각도로 찍기 시작했다.

뒷쪽에서 나를 지켜보던 동생이 과수원 안에 많이 자란다면서 주겠다는 것이었다. 나도 모르게 "고맙다."라는 말이 맡겨놓은 듯이 태연하게 나오는 것이었다.

과수원에서 캐온 베고니아를 선물로 받자, 잃어버렸던 물건을 찾은 느낌이었다. 꽃이 피어있는 줄기를 꺾꽂이하라고 비닐봉지에 물을 넣은 세 송이까지 받게 되었다. 두 개로 나누어 하얀 글라스 컵에 물을 담아 거실에 놓았다. 화분에 심어 있는 베고니아는 정원 나무 사이에 놓았다. 꺾꽂이 해놓은 베고니아는 몇 주 지나 뿌리와 잎이 돋아나면서 꽃을 피웠다. 아쉽게도 마당에 심었던 베고니아는 꽃도 피지 못하고 죽고 말았다. 온도가 맞지 않아 죽은 것으로 보였다.

인간이나 식물은 새로운 환경에 적응하기가 쉽지 않다. 사람은 타향에서 생활하다 보면 향수병에 걸리든지 되돌아가면 되지만, 베고니아는 시들며 움직이지 못해 말라 죽은 것 같다. 식물은 자생지에 있어야 값어치가 높으며 더욱 아름다운 것 같다.

 ## 조밤나무

　조밤나무는 나에게 피난처가 되어주고 있다. 와르르 내리는 빗줄기가 당황하게 했다. 무성한 파란 잎이 우산이 되어주고 있다. 조밤나무에 비를 피하려고 달려왔다. 바닥에는 폭우로 동그란 물거품을 물고 있다. 장대비로 공원 안은 해무가 낀 것처럼 자욱하다. 조밤나무에 의지하다 보니, 비를 맞지 않게 해주었다. 비오는 날에는 나무 밑에서는 우산 같은 도구가 필요 없게 했다.

　지금 비를 피하고 있는 나무 밑은 말을 키우던 곳이었다. 도시화로 민속자연사박물관, 문예회관이 들어서면서 신산공원이 생긴 것 같다. 그 덕에 우람한 조밤나무가 보존된 것 같다. 수려한 청록빛 녹음으로 지역주민에게 산책로와 쉼터로 주목받고 있다.

　나뭇잎에 부딪치는 빗방울이 정적인 화음을 내고 있다. 내리는 비로 나무 밑이 습해도 모든

게 아름답게 했다. 카페나 정자 안에서 비 내리는 모습을 보는 것 같다. 오래도록 서 있어도 지루하지 않다. 사슴이나 조랑말 같은 자연속의 야생동물이나 화려한 꽃이 피어 있다 한들 눈에 차지 않을 것 같다.

평소에 조밤나무 아래로 운동과 산책 겸 자주 나오다 보니 공원에 다니는 것이 중독이 되고 말았다. 무장애 숲길처럼 공원은 자유자재로 다닐 수 있게 돼 있다. 여름에는 선선한 그늘로 열기를 식혀주는 이파리로 수려해 보였다. 도토리처럼 생긴 조밤나무 열매는 끝이 뾰족하여 앙증맞다. 약한 바람에도 옆으로 사르르 구르며 싹틀 곳을 찾는 것이 유전형질 같다.

비를 맞지 않으려고 넓은 지붕으로 사방이 뻥 뚫린 방갈로 같은 쉼터 안으로 들어가고 싶어도 비가 계속 쏟아져 가기가 싫었다. 매서운 겨울에도 무성한 초록으로 포근하게 했다. 조밤나무 잎은 사시사철 맑은 바람과 푸르름이 청풍청림이다.

조밤나무는 운치가 있다. 나뭇잎이 바람에 갈대처럼 흔들리게 해도 묵묵히 휘청일 뿐이다. 비오는 날에는 잎에서 뚜두둑 뚜두둑, 소리를 낸다.

조밤나무는 세찬 비바람에도 부러지거나 뿌리가 잘 뽑히지 않는 것이, 고목이기보다는 누구도 범접할 수 없는 신산 거목이다. 조밤나무는 단단한 게 우리 조상들이 오동나무처럼 친근감을 가졌는지도 모른다. 옛날에 딸을 낳으면 오동나무를 심어 혼수에 쓸 가구를 만들어 주려고 하였다. 조밤나무는 강

인한 탓에 옛날에 디딜방아를 만들게 되지 않았나 생각하게 된다.

예전에 나무 한 그루 없는 주상복합 아파트에 살았다. 한여름 빼곡한 건물들로 숨이 턱턱 막히게 했다. 콘크리트 넓은 바닥으로 나무 심을 장소가 없는 주차장이었다. 한여름 더위를 식히려면 집 앞 도로변 녹나무 가로수로 갔다. 자동차 소음과 매연에도 나무 밑은 그나마 시원하였다.

공해를 피하고 조용히 즐길 수 있는 아름드리나무를 찾다 보니 이도이동 수운공원까지 휠체어를 손으로 밀면서 오게 되었다. 그 인연으로 공원 옆에 이사해서 살게 되었다. 나무를 보기 위해 이사를 왔다고 해도 과언이 아니다. 힐링할 공간이 넓혀지면서 신산공원 조밤나무를 알게 되었다. 하늘을 가리는 청록빛 풍경이 애인을 만나듯이 반하게 했다. 나무 밑에서 양팔을 벌리고 긴 호흡이 상쾌했다. 나무는 사람들이 생체리듬을 맑은 공기로 인해 싱그럽게 해준다. 조밤나무와 가까이서 지내다 보니 친구처럼 여겨졌다.

나무는 나무대로 주어진 역할로 소임을 다하고 있다. 도심 개발로 나무가 없는 환경은 생각도 할 수 없다.

 # 수선화

정원 가득 노랗게 물들인 수선화 향기가 코를 찌른다. 수선화가 노란 병아리처럼 어미 닭을 쫓아다니는 풍경이다. 마당을 헤집고 다니다, 고개를 오똑 들어 물 한 모금 마시고 하늘 쳐다보는 모습이다.

올해 초 주먹만 한 플라스틱 화분에 꽃봉오리가 달린 수선화를 오일장에서 사다 여러 개 심어 놓았더니 한날 한시에 꽃이 피게 되었다. 담장 틈새와 바닥으로 피어 있는 수선화가 봄이 다가오는 정취를 물씬 풍기게 했다.

오다가다 수선화로 가득 찬 화단 앞에 멈추고 오랫동안 수선화를 보고 있으면 마음마저 화사하게 했다. 거실이나 창가에서도 뽀얀 햇살 받으며 피어 있는 수선화를 무심코 보게 된다. 여러 꽃 중에 수선화가 유독 노랗다. 노란색으로 수놓은 수선화가 난처럼 고상하고 지조 있는 것보다는 소풍

온 것처럼 낭만적이다. 수선화는 나에게 일확천금처럼 많은 변화를 가져다주었다.

2004년 불의의 사고로 척수손상을 입고 몹시 힘들고 우울할 때였다. 30평 넓이로 마당은 수선화로 가득 차 있었다. 병원에서 물리치료를 받고 집에 오면 그윽한 수선화 향기로 감미롭게 하였다. 수선화 핀 옆으로 나와 혼자 차를 마시면서 외로움을 달래기도 했었다. 수선화의 달짝지근하면서 매콤한 향기를 맡고 있으면 초라한 생각을 잊게 하였다.

오갈 때라곤 병원 빼고는 마당으로 나와 수선화 핀 곳이었다. 수선화 옆에 오랫동안 앉아 있으면 식물원에 나온 기분이 들었다. 밤에는 텔레비전에서 노래나 연속극 보는 일 밖에 없었다. 외출은 심한 장애로 생각도 할 수 없을 때였다.

아내가 시장이나 급하게 외출하고나면 누워있기가 답답하였다. 휠체어에 앉아 있으면 마당에 나가 수선화를 볼 수 있었다. 휠체어를 타고 마당에 나와서 수선화 향기를 맡았다. 진한 냄새에 취해 나도 모르게 심상에 젖어 들며 문학가가 된 느낌이었다.

수선화로 감성에 젖어들면서, 글을 쓰기 위한 메모는 아니었지만, 향기롭고 아름다운 것을 오래도록 간직하고 싶어 적는 습관이 되었다. 자신도 모르게 우러나는 마음을 글로 표현하고 나면 마음이 편안하면서 다른 행성에 온 착각을 들기도 했었다.

세월이 흘러 집에서 책장을 정리하다 신촌에 살 때 써 놓았던 메모를 우연히 보게 되었다. 메모를 읽으면서 '나도 세파에 물들지 않았던 감정이 있었구나' 하는 생각이 들었다.

매년 이맘때면 봄소식은 수선화가 항상 몰고 오면서 우리 집 마당은 온갖 벌과 나비로 가득 차게 한다. 날개가 없어도 수선화는 봄 전령사로 꽃을 피워 향기로운 냄새와 꿀로 만찬을 베풀고 있다. 곁에 앉아 있으면 수선화에 초대받은 느낌을 들게 하였다. 다소곳한 표현으로 수선화에서 안식처를 얻곤 하였다.

수선화를 쳐다보면서 글을 쓰다 보면 자연과 함께 누릴 수 있는 행복을 찾게 하였다. 수선화로 인해 창작이란 새로운 길을 찾으며 제2의 인생을 출발하게 되었다.

우연히 텔레비전 자막에서 장애인이나 가족의 장애인 수기를 모집하는 것을 보게 되었다. 몇 날 며칠 동안 옥고를 치르듯이 수정하며 응모한 수필이 전국 문예글짓기대회에서 전체 대상까지 받게 되었다. 컴퓨터가 서툴 때라 수상작은 아쉽게도 삭제되고 말았다.

장애가 생기기 이전에는 건설기계 조종사로 눈코 뜰 새 없이 바빠서 문화생활의 여유를 찾기란 힘이 들었다. 집에서 수선화를 보면서 문화생활을 하게 되었다. 수선화가 많이 심어 있어서 동네 사람들이 수선화를 찍으려고 많이 왔었다.

수선화는 나에게 장애를 이겨내면서 수필을 쓸 수 있게 해준 꽃인 것 같다. 아내가 청귤로로 이사하고 정원에 심어놓은 수선화가 추억을 더듬게 했다.

Episode

화
해

너븐숭이
곤흘마을
불어라 화해의 바람아

가슴 아픈 참상이
평화로운 곳에서 일어났다니
믿어지지 않는다.

|

무엇을 위해 마을을 파괴하며
지역주민의 희생을 강요했나!

|

지금은
주인 잃어버린 돌담 사이로
잡초만 무성하게 자라있다.

 너븐숭이

　탐라장애인종합복지관 직원과 북촌리 너븐숭이, 성지를 찾아보기로 했다. 집에서 너븐숭이 성지로 가기 위해 아침에 탐라복지관에 왔더니 직원과 이용자들이 모여 로비에서 커피를 마시며 기다리고 있었다.
　인솔할 직원이 탐라복지관 올레길 인원을 파악하고, 승합 특장차량에 탑승하자 차는 일주도로를 따라 달리기 시작했다. 북촌리 너븐숭이는 처음 가는 길이다. 너븐숭이 볼 생각에 호기심마저 들게 했다. 차창 밖에는 가로수 잎이 바람에 흔들리고 있어 겨울이 다가오는 것 같다.
　차로 너븐숭이 입구를 여러 번 지나치면서 별다른 생각 없이 고즈넉하기만 하였었다. 하늘이 흐리고 세찬 바람으로 차가운 공기가 차 안에 새어 나와도, 여행이라 마음을 부풀게 했다. 너븐숭이를 관람하고 북촌 해동 해안가를 둘러보고 함덕리에서 점심을 먹고 올레길 탐방일정을 끝내기로 했다. 올레길 답사와 맛있는 점심 생각이 여유를 갖게 했다.

너븐숭이 얘기를 많이 들어오면서 아이 무덤은 어떤 모양으로 되었을까! 여러 가지의 무덤을 상상하다 보니 차는 너븐숭이 4·3 위령 성지 안에 도착을 하였다. 기념관 건물이 관광지 휴게소 같아 보였다. 정문 앞에는 첨성대처럼 대리석 방사탑이 위엄있게 세워 있었다.

차에서 내리고 주차장에서 걸어오면서 아이 무덤을 보기 위해 주변을 둘러보았다. 소나무 서너 그루와 파란 풀이 있는 곳이 넓적 바위 동산이 올레길 곶자왈 안을 보는 듯했다. 너븐숭이 유적 발굴한 장소를 설명하려는지 모를 일이다. 무덤에 대한 궁금증이 더하며 해설사를 빨리 만나 뵙고 얘기 듣고 싶었다. 너븐숭이 성지가 된 원인을 알고 싶었다.

일행들과 너븐숭이를 알기 위해 기념관 안에 들어갔다. 전시장 같은 내부는 4·3에 관한 흑백사진이 첫눈에 들어와 삼엄하게 느껴졌다.

잠시 후 해설사가 사진이 전시된 안으로 들어와 인사를 하면서 설명하는 것이다. 성지를 소개하면서 숨 가쁘고 우렁찬 목소리로, "4·3 사건 때 이틀에 걸쳐 북촌리 주민 오백여 명이 학살을 당하고, 여기가 여덟 아이 무덤이 있는 곳입니다." 해설사의 목소리에 침묵이 흐르게 했다. 7년 7개월 동안 벌어진 사건이 얘기를 들면서 무엇을 위해 무고한 시민의 희생양이 되었을까! 나도 모르게 어이가 없으면서 부아가 치밀었다.

    단일 사건으로 인명피해가 가장 많았던 곳이라니 약소국의 슬픔을 깨닫게 했다. 4·3은 1948년 4월 3일 남로당 제주도당 무장대가 무장봉기하고 토벌대가 진압하면서 수많은 제주민이 희생당한 사건이다. 4·3을 진화하러 온 서북청년단은 불난 집에 부채질하려고 왔는지 이해할 수 없었다. 공권력의 논리로 죄명을 마음대로 정하고 무고한 서민들이 죽임을 당해야 했다. 제주민의 통일국가를 원하는 외침이 참담한 비극이 되고 말았다.

    4·3에 관한 얘기를 할머니와 아버지, 동네 사람에게 들어왔다. 우리 가족 외, 사돈에 팔촌까지 희생당하는 슬픈 역사로 살아왔다. 4·3으로 부모를 잃은 아버지는 오현단에 있던 오현 학교에 다니다 6·25 동란이 일어나자 5년간 참전용사로 앞장섰다. 군복무를 마친 뒤 장사를 시작했으나 생활이 넉넉하지 않았다.

    아버지는 부모님을 그리워하는 마음이 얼마나 사무쳤는지 4·3은 생각하고 싶지도 않으셨다고 하셨다. 다행스럽게 할아버지, 할머니 위패는 4·3 추모 평화공원에 모셔져 있다.

    해설사 얘기만 만 들을 수 없어, 너븐숭이를 보고싶어졌다. 너븐숭이 뜻을 질문하였더니 넓은 돌밭이라고 했다. "왜 불쌍하게 죽은 어린이를 돌이 있는 곳에 묻었습니까" 얘기하자. 옛날에는 어린아이가 죽으면 친척이나 동네 사람들이 돌이 있는 곳에 묻었다고 하였다.

설명만 들을 수 없어 휠체어를 밀면서 아이 무덤을 찾아갔다. 어린아이 무덤 앞에는 작은 돌멩이로 쌓아 올린 돌담 안이 무덤이란 걸 알게 했다. 무덤 안과 앞에는 순례객이 아기의 선물로 놓고 간 과자나 초콜릿 흔적이 보였다. 새들이 먹을 수 없는 인형과 레고 장난감이 빛이 바래며 바닥에 있었다.

잠시 무덤에 묵념한 후, 소설가 현기영 선생의 문학비가 세워진 곳에 갔다. 해설사의 설명과 문학 비문을 읽다 보았더니 북촌에서 4·3 때 희생당한 일을 소재로 중편소설인『순이 삼촌』을 쓰게 되었다. 1978년 창작과 비평에 발표하면서 금기시 되었던 4·3의 비극을 전 세계로 알려지는 계기가 되었고. 순이 삼촌을 발표한 뒤에 정보기관에 연행되어 고초를 겪었다고 하였다.

너븐숭이 관람 후 생각에 잠기게 했다. 25대 총선이 다가오면서 양쪽 진영이 파행으로 정쟁을 일삼고 있다. 여야가 원만한 합의를 위해 대화가 필요해 보인다. 극한 대립의 정치가 70십여 년 전으로 회귀하는 것 같다. 4·3의 역사 속에는 서민들이 목숨과 피로 민주화를 되찾게 되었다. 동네 철부지와 선량한 주민들을 무자비한 학살과 공포가 밤과 낮을 가리지 않고 죽은 영령 앞에 지금의 정치 현실이 안타까운 마음마저 들게 한다. 지금은 명예가 회복되어 보상도 되고 있지만 과거 미흡한 현실을 생각하면 참담하다.

곤흘마을

　곤흘마을에 찾아 왔다. 길가 밑에는 찰랑거리는 하얀 파도가 매끄러운 자갈 위로 얇은 거품을 물고 있다. 타고 온 차를 중간곤흘 도로에 주차시키고 내렸다. 별도봉 옆에 있었던 안곤흘을 쳐다보았다. 풀밭이 계단처럼 층계를 이루고 있어 다랑이 논처럼 생겨 있었다. 초가의 모습은 찾아볼 수 없었다.

　간조로 바닷물이 빠질 때로 빠져 울퉁불퉁 밑바닥이 흑진주처럼 광채를 띠고 있었다. 둥그렇게 빛바랜 암반 바닥이 공룡알이나 공룡 발바닥 화석처럼 보인다. 아무런 생각 없이 해안가를 물끄러미 보는 것만으로도 편안한 마음을 갖게 하였다. 이곳이 4·3사건 때 대량학살이 일어난 마을이란 걸 자연석에 매료되어 잠시 잊게 했다.

　별도봉 북쪽 툭 튀어나온 자살터라 부르는 곳이 보였다. 자살바위 거대한 벼랑이 하마가 앞발을 구부리고 바다를 향해 시원한 물을 마시는 모

화해 71

습이다. 예전에 생각 못했던 풍광이 진귀하다.

 자살바위 밑에는 물이 나오는 장소가 있는데, 그곳을 드렁이라 불렀다. 별도봉 밑에서 낚시나 작살로 고기를 잡으러 다녔어도 드렁이에서 물을 떠본 적이 없다. 함께 간 친구들이 드렁이로 가서 물을 가지고 와서 맛을 보게 했었다.

 잡아 온 고기를 드렁이에서 떠온 물로 매운탕을 끓여 먹으면서 이곳은 4·3 사건 때 사람들이 떼죽음을 당했다고 흥미롭게 얘기하곤 했었다. 별다른 놀이터가 없을 때라 따뜻한 날에는 고기와 보말을 잡고 삶아먹던 동네 아지트였다.

 예전 이곳에 살았던 어르신과 해산물과 해초류를 채취하면서, 안곤흘 사연을 옛날얘기처럼 종종 듣곤 하였다. 새벽에 잠을 자고 있으면 한사람이 멜이야! 멜이야! 외치는 소리가 공회당에 확성기를 틀어놓은 듯이 지금도 크게 들리는 것 같다고 하셨다. 별도봉 바닷가는 멜통으로, 안곤흘집 대문 앞이나 길가에는 멜 말리는 사람들로 가득했다는 얘기였다.

 곤흘마을은 세 군데로 나눈다. 지형은 삼지창 모양으로 별도봉과 붙은 곳을 안곤흘이다. 중간곤흘 서쪽 편에는 거로 원남수를 걸쳐 흐르는 화북천이다. 동쪽으로는 바닷물이 빠져나가면 자갈로 모래톱처럼 길을 내었다. 밧곤흘은 환해장성이 있는 곳이다. 화북천 끝부분에 덕수물이 있다. 하천에서 흐르는 물이 맑고 깨끗해 곤흘마을 주민의 식수로 이용해 왔다고 했다.

 안곤흘은 일제 탄압과 수탈에서 해방되어 오름과 바다를 터

전으로 수산과 목축을 하면서 살기 좋은 마을이었다. 불행히도 1948년 4월 3일 4·3사건이 발발하면서 수많은 마을이 불에 타 사라졌고, 애꿎은 주민들이 죽임을 당해야 했다.

곤흘마을도 예외가 아니었다. 낮에는 경찰과 토벌대들의 총질로, 밤에는 폭도들의 죽창으로 주민들을 공포에 몰아넣었다. 주민이 집에 숨어 있을까 불을 질러 밖으로 나오는 사람마저 죽였다고 했다. 마치 영화에나 나올 법한 얘기다. 가슴 아픈 참상이 평화로운 곳에서 일어났다니 믿어지지 않았다. 무엇을 위해 마을을 파괴하며 지역주민의 희생을 강요했나! 몸이 우두둑 떨리며 끔찍한 생각이 들었다.

정쟁으로 진영 간의 싸움은 선량한 민간인의 인권을 부정하면서 말살하게 된다. 편 가르기로는 아무것도 얻을 게 없다. 안곤흘에 4·3 사건이 없었더라면 어린아이가 뛰어다니고, 차 엔진 소리, 대문 여닫는 소리로 벅적거렸을지도 모른다. 사람들이 거주했던 집터는 돌담으로 흔적만 남아 있다.

주인이 사라진 돌담 사이로 잡초만 무성하게 자라있다. 그대로 내버려 둔다면 담쟁이가 기어오르는 죽은 나무에 불과하게 된다. 안곤흘에 4·3에 희생된 분을 위로하는 마음으로 위령탑이라도 세웠으면 했다. 일어나선 안 될 사건이었기에 국가는 4·3 유족에게 진상규명을 통해 국가유공자로 국회에서 법안으로 통과시켜주어야 한다. 그러면 4·3의 끝나지 않는 원한에 위로가 될 것 같다.

 불어라 화해의 바람아

'불어라 평화의 바람아'를 모토로 내건 4·3 70주년 기념행사로 타악기 앙상블과 서울 오케스트라 연주회를 관람하게 되었다.

집 근처가 수운근린공원 옆이라 시간을 내어 산책을 하고 있는데, 플루트를 들고 걸어가는 사람과 마주치게 되었다. 악기를 들고 무슨 일로 오게 되었는지 질문을 하자, 오늘 학생문화원에서 17시에 웅장한 연주를 하게 된다는 답변이었다. 그 말에 곧장 준비를 하고 제주학생문화원 공연장으로 향했다.

막상 공연장 안으로 들어왔더니 관람석이 텅 비어 있어 당황하게 했다. 너무 일찍 들어왔나 싶어 시계를 봤더니 공연 30분 전이었다.

행사관계자도 걱정이 되었는지 오늘 왕벚꽃 축제와 시청 앞에서 청소년 음악회 관계로 사람들이 늦어질 거라 소곤거리는 것이었다. 그래도 잠시후 나처럼 성질 급한 사람들이 하나둘씩 들어오기 시작했다.

어린학생들도 엄마, 아빠 손을 잡고 들어오거나, 단체로 입장하는 학생들도 보였다. 많은 사람들로 객석이 가득 차고 있어도 웅성거리거나 잡담하지 않고 의외로 숨죽이고 있다. 시민의식이 돋보였다.

간혹 가다 작은 북이나 드럼 연주용 스틱을 들고 들어오는 학생들도 간간이 눈에 띄었다. 아마도 음악선생님과 함께 오는 것으로 보였다. 산책으로 수운공원을 거닐다 우연히 음악회 소식을 듣고 보러 온 사람도 있었다.

공연시간이 가까워지자 빨리 오케스트라 단원들이 무대에 입장하기를 기다려졌다. 많은 관객으로 인해 진동이 쿵쿵 울린다. 나직함 속에 무대에는 주황색 조명이 켜지면서 악기를 들고 연주 할 사람들이 연단으로 입장하는 것이었다.

모든 단원들이 연주 할 위치에 자리를 잡고 앉자 사회자가 단상 옆에서 마이크를 잡고 제주 4·3 사건 70주년 음악회를 열게 되어 감회가 새롭다면서 여기에 참석해 주신 모든 분에게 감사드린다고 하는 것이었다. 그러고는 4·3의 역사를 바로 알리기 위해 음악회를 열게 됐다고 취지를 설명하면서 4·3 유족회 회장님을 소개했다.

회장님은 단상에서 짧은 연설로 70년 전 어떻게 되었는지, 4·3을 원망하며 지금까지 살아오게 만든 슬픈 역사라 강조했다. 그 말을 듣는 순간 피부로 느낄 수 있는 현실에 맞는 보상이 시급하다는 생각이 들었다.

또 이런 행사에 참여한 어린학생과 청소년들이 뼈아픈 4·3 역사를 상기시켜주고 바로 알렸으면 했다. 이어서 교육감이 인사말을 통해 가슴에 단 동백꽃 배지는 동백꽃이 또다시 아름답게 필 수 있도록 하기 위해서라며, 음악회 개최를 축하하고 4·3 유족에게 위로의 말을 전했다.

동백꽃이란 말에 동백에 대한 의미를 되짚어보게 했다. 봄에 꽃을 피우기 위해 꽃봉오리는 한 겨울 내내 엄동설한 세찬 눈보라를 견뎌내야만 한다. 4·3의 진상은 동백꽃 봉오리만 보는 것 같다. 항구적인 숙제로 일어나선 안될 사건을 계속 풀어나갔으면 했다.

귀빈 소개와 인사말이 끝나자 사회자는 서울, 경기에 거주하는 오케스트라가 제주 사람과 협연하게 될 거라며 연주곡이 끝날 때마다 힘찬 박수를 쳐주시기 바란다고 했다. 지휘자의 소개로 곧바로 연주가 시작됐다. 첫 곡으로 핀란디아 OP. 26 연주를 듣는 순간 가슴이 뿌듯하며 설레게 했다. 이 시대에 걸맞게 공연문화를 적절히 활용하면서 4·3을 소년 소녀들에게 설명하는 게 현대에 걸맞은 느낌이 들었다.

지휘자의 손짓에 맞춰 바이올린 연주가 시작되자 잔잔한 선율로 관객을 매혹시키기에 충분했다. 보슬비 내리는 듯한 음색이 가냘파 인생 역정을 연상시키게 했다.

첫 번째 연주가 끝나고 바이올린 악장으로 가냘프고 구성진 리듬에 파도를 타는 듯한 행진곡에 나도 모르게 허리와 어깨를 좌우로 흔들어 댔다.

세 번째는 플루트 연주가 뱃노래 리듬으로 신발을 벗고 버선발로 경쾌하면서도 덩실덩실 춤을 추고 싶은 유혹을 느껴지게 했다. 분홍색 의상으로 몸을 흔들면서 플루트를 연주하는 모습이 강강술래를 연상시키게 했다. 세 번째 곡을 들으면서 곡을 선정하는데 심사숙고한 모습을 짐작하게 했다. 4·3을 음악으로 표현하기는 쉽지 않겠지만 음악을 통해 무슨 말을 하려는 의도를 느껴지게 했다.

여러 곡을 감상하면서 후반부에는 우리 민요인 아리랑 환상곡 판타지가 시작됐다. 우리 조상들이 유전적으로 전승 계승되며 내려오는 곡으로 주먹을 불끈 쥐게 했다. 아리랑은 듣거나 부르다 보면 무소식이 희소식으로 희망을 품는 기다림이다.

일제가 패망하면서 우리 조국은 강대국으로 인한 분단 상황에 놓이게 되었다. 그 여파로 최남단 제주도에서 예상할 수 없었던 사건이 발생하게 되었다. 그로 인해 제주인은 이루 말로 형언할 수 없는 수난과 죽임을 당하게 되었다. 막대한 살생으로 제주사회가 도탄에 빠지게 되었다.

우리 집도 예외가 아니다. 4·3 때 할머니와 할아버지는 같은 날 같은 장소에서 총탄에 영면永眠에 들면서 집안의 초토화 되고 말았다.
　이제부터 70년 전 4·3으로 인해 정신적 고통을 받고 있는 유가족에게 유족보상이 먼저란 생각이 든다.

Episode

가
족

단풍나무 집
어머니 이사 갈 집 구하기
꿈 해몽
훌쩍 커버린 아이들
성당 가는 날

악몽을 꾸면 불길한 생각이 들고,
백일몽 같은 꿈을 꾸면
운수가 좋을 거란 기대를 하게 된다.

|

하지만,
꿈은 무지개와 같은 존재다.
꿈속에서는 마음대로 할 수 없다.
결국은 몸부림치다가 깨게 된다.

 ## 단풍나무 집

　대문 밖에서 단풍나무를 쳐다본다. 살고 있던 아파트를 팔려고 내놓아 살집을 알아보러 왔다. 청기와 지붕 대문 밖에서 본 단풍나무가 울창했다. 대문 안으로 들어가 단풍나무를 보고 싶어도 그럴 수 없다. 집 살 돈만 있으면 달려가 흥정하고 싶을 정도다. 부동산 정보지에서 단풍나무가 있는 집 내놓은 걸 알게 됐다. 한참 동안 서 있다가, 그림의 떡을 보듯이 아쉬운 발걸음으로 집으로 돌려야 했다.

　집에 와서도 하루빨리 단풍나무를 손으로 만져보고 싶었다. 비록 대문이 높으며 계단으로 되어 있지만 휠체어를 타고 오갈 수 있게 경사로를 설치하면 들어가는 데 문제가 없어 보였다.

　아파트를 팔려고 해도 불경기로 집 보러오는 사람이 없다. 운이 좋게 1년 후 살고 있던 아파트가 팔리자, 살집을 알아봐야 했다.

다시 컴퓨터로 부동산을 검색해 봤더니 전에 보았던 단풍나무가 있는 집이 지금도 팔리지 않았다. 일을 다녀온 아내와 저녁 먹을 새도 없이 집 보러 가기로 했다. 단풍나무 집에 도착하자, 아내는 집주인을 만나 매수의사를 밝히고 집 안을 둘러 보는 것이었다. 나는 단풍나무 밑에서 담장과 화단을 쳐다보며 하루빨리 집을 샀으면 했다. 단풍나무와 대화하듯이 손등으로 톡톡 치면서 쓰다듬어 보았다. 단풍나무에서 풍기는 매콤한 향기가 더더욱 들뜨게 하였다. 그러고는 둘레가 얼마나 굵은지 포옹도 해보았다. 나무도 새파란 잎이 울창하게 퍼져서 실바람에 살랑거렸다.

집주인을 만나 뵙고 집에 가서도 단풍나무가 눈에 밟히며 잠도 오지 않았다. 날이 밝자 득달같이 집주인을 만나 매입하기로 했다. 부담되었지만, 빨리 계약하지 않으면 다른 사람에게 팔릴 것 같은 조바심이었다. 아파트를 팔고 부족한 돈은 집 담보로 대출받기로 했다. 육지에서 직업군인 아들과 간호사로 일하는 딸의 도움도 받기로 했다.

천만다행으로 단풍나무가 있는 집으로 매매 계약이 됐다. 추석을 지나 잔금을 추리고 입주하기로 하였다. 그로부터 휠체어를 손으로 밀면서 고산동산 중간에서 단풍나무가 있는 집 앞에 와서 오래도록 쳐다보게 되었다.

드디어 8월 한가위를 5일 앞두고 잔금을 치르고 이사했다. 높은 계단과 기와 대문을 헐어버리고 방부목으로 미닫이 대문을 만들었다. 대문부터 현관 앞까지 경사로를 놓아 휠체어로 혼자 드나들 수 있게 했다.

이사 와서 틈만 나면 단풍나무 밑에서 차를 마시다 보니 단풍나무가 반려 나무로 여겨졌다. 외출 후 속상한 일이 있어도 마당에 들어서면 단풍나무부터 위안이 되었다.

한여름 그늘이 드리운 단풍나무 밑에 있으면 시원하면서 한가로움을 느꼈다. 새들이 나무 주인처럼 둥지를 틀어 알을 부화시켜 짹짹 소리를 내며, 푸드덕푸드덕 날갯짓할 때면 산속에 있는 느낌이다.

겨울이 다가오면서 마당에 서서히 떨어지는 단풍나무 잎을 볼 때마다 생각에 잠기게 된다. 내 생에 단풍잎만큼이나 화려하진 않아도 최선을 다해 살고 있을까? 반성하게 된다.

단풍나무에 잎이 돋아나기 시작하면서 봄이 온다. 무더위에는 신선한 공기와 그늘을 만들어주고. 가을로 접어들면서 알록달록한 색깔로 화려하게 마당을 치장해준다. 올레길 걷기나 공원을 산책하면서 그늘이 드리우는 아름드리나무를 보면 우리 집 단풍나무를 먼저 떠올렸다.

단풍나무가 크다 보니 나무가 굵어지면서 담장에 금이 갈 것 같았다. 옆집과 경계를 이루는 시멘트로 된 담벼락이 무너지지 않게 대책을 세워야 했다. 대책은 단풍나무를 베어 버리는 것이다.

울며 겨자 먹기로 단풍나무를 베고 나자 섭섭하였다. 자연에 있어야 할 나무를 집에서 길들인다는 것은 무모하다는 생각이 들었다. 단풍나무가 있던 자리에 계절마다 피는 꽃과 다육이 식물을 키운다.

　화단에서 한해살이 다육식물을 보면서 다니다 보니, 토머스 홉스가 쓴 리바이어던이란 책에서 읽었던 '현재의 삶보다 더 큰 보상이 없다'는 구절이 생각나게 했다. 울창한 숲처럼 여겨졌던 단풍나무를 베어버린 자리에 꽃밭을 만들다 보니 인간은 사회적 동물로 적응도 빠르다며 쓴웃음을 짓게 하였다.

어머니 이사 갈
집 구하기

저녁을 먹고 텔레비전을 보고 있는데 어머니께서 이사를 가야 된다는 연락이 왔다. 신구간이 7개월 이상 남아 있는데. 사정을 물어보았더니 어머니가 살고 있는 집이 급하게 팔려 5개월 안에 비워 달라고 하였다.

어머니는 예전에 살던 집이 개발구역에 들면서 올해 이사하고, 다른 곳에서 살고 계시다. 내 집처럼 생각되는 집에 이사를 와서 마음 놓였다.

한정된 가구 수로 내년부터 개발에 들어가면서 동네 원주민들도 집이 없어서 다른 동네로 이사를 간 상태다. 상인들도 가게를 빌지 못해 장사를 못 하게 되는 추세이다. 몇 날 며칠 수소문 끝에 어머니가 거주할 집을 생각보다 쉽게 빌게 되었다.

육지에서 생활하다 들어온 집 입구에 방 하나가 비어 있었다. 공동으로 사용하게 될 부엌에

싱크대 설비를 갖춰주는 조건으로 계약하고 이사하기로 했다. 싱크대 설비 공사가 끝나 며칠이 지나자 난데없이 어머니는 그 집에서 살기 싫다는 것이었다. 어머니는 30년 이상을 누구에게도 얽매이지 않고 혼자 살아왔기에 젊은 사람과 맞추어 살 수 없다는 것이다. 어머니는 오래전부터 혼자 생활하고 있어서 타인과 함께 사는 것이 부담이 된다는 얘기에 더 이상 캐묻고 싶지 않아 어머니 의견을 따르기로 했다,

또다시 집을 빌려고 해도 빌 수가 없었다. 고민 끝에 시내에서 우리와 함께 살자고 하였더니 그것도 싫다는 것이었다. 제주 사람들은 옛날부터 손발이 움직여지는 한 자식에게 기대어 살지 않으려는 습관이 몸에 배어 있다. 어머니는 집 문제로 전화 올 때마다 다른 동네에서 살기 싫다는 것이었다. 어머니 성화에 같은 동네에서 집을 빌려 드려야 될 것으로 보였다.

상가 형성으로 동·식물뿐만 아니라 빈집 구하기란 하늘 별따기와 같은 것으로 보였다. 심지어 초등학교 동창생 집 구조를 생각하면서 머릿속에 그려놓기도 했다. 최후에는 초등학교 동창에게 사정을 하고 방 하나라도 빌기 위해서였다. 이사 갈 날짜는 다가오는데 걱정이다.

어머니가 살고 계신 곳은 해안가로 마을회관 겸 경로당이 있는 근처다. 아침에 동네 사람 얼굴과 걷는 모습만 봐도 무슨 일이 있었는지 알 정도로 친분이 두텁다.

육지나 다른 마을에서 개발하게 되면 동네 사람들이 모여들

어 개발 반대 집회하는 모습을 여러 번 보아 왔다. 개발 반대 시위를 보면서 시대에 뒤처진 구습이라고 비아냥거리기도 했었다. 그런데 이제는 그 개발반대시위자들의 심정을 조금 이해할 수 있을 듯하다. 속된 말로 죽어봐야 죽은 사람의 마음을 안다는 듯이 당사자 아니면 알 수가 없는 일이다.

친척과 친구들에게 전화를 해 보면 돈이 문제라며 수긍도 부정도 할 수 없게 했다. 집을 사라고 하지만, 전세로 아파트나 빌라를 찾아보았다. 사글세로 받는다는 얘기에 사글세로는 빌고 싶지 않았다.

지금까지 살아오면서 집 걱정은 해본 일이 없다. 결혼하고서 집은 공짜로만 살아왔다. 집복을 타고 나서인지 회사에서 마련해준 관사에서 생활하면서 집 없는 설움을 몰랐었다. 관사에 살았던 회사가 IMF로 부도나자, 퇴사하고 부모님 집을 뜻밖에 현금으로 매입해야 했다. 집을 사고 부모님과 함께 살게 되었다. 그러던 중 산업재해를 입고 집을 팔아, 또다시 분가하게 되었다. 시내에서 생활하면 아이들 교육에 도움이 될까 해서였다.

어머니 살집을 빌지 못해 애가 타고 있는데 어머니가 집을 빌었다는 반가운 전화가 왔다. 동네 아주머니가 한 달 후 빈방이 생기게 되어 지금 와서 살펴보라는 연락이었다. 전화를 받자마자 아내는 어머니가 계시는 곳으로 달려가 집 구조를 자세히 보고, 그 자리에서 계약금을 지불해 한 달 후 이사하기로 했다.

 낙타가 바늘구멍을 통과하듯이 집을 구하기 어려운 상황에서 빌리게 된 경위를 어머니에게 여쭤보았더니, 경로당에서 곁에 앉아 계시던 할머니가 가르쳐주어 알게 되었다는 것이었다.

 한 번도 집 빌기 힘든 상황에 어머니께서는 두 달 사이에 세 번이나 빌고 물리면서 동네에서 살게 되어 능력이 대단해 보였다.

 빈집을 가족들과 여러 방면으로 찾아보아도 없었다. 어머니가 거주할 집은 돈이 아닌 동네 인심으로 빌게 되었다.

 ## 꿈 해몽

　비몽사몽 뒤척이다 한밤중 꿈을 꾸게 됐다. 솔잎이 바닥에 쌓여 있지만, 나무가 간간이 있어서 들판인지 숲인지 분간 할 수 없다. 으스스한 생각이 들어 사방을 훑어보아도 처음 보는 장소로 1급 태풍 속 고요처럼 적막하다. 아무런 생각 없이 혼자 걷고 있는데 멧돼지 서너 마리가 느닷없이 내게로 달려드는 것이었다. 사나운 멧돼지와 부딪치면 다칠까 봐 겁이 났다. 손으로 위협하면서 주둥아리를 발로 힘껏 차 보아도 끄떡하지 않고 기세등등했다. 멧돼지를 피하려고 나무 위로 오르려 해도 작은 나무가 부러질 것 같아 오를 수 없었다. 온 힘을 다해 쫓아오는 멧돼지에게 잡히지 않으려고 발버둥 치며 눈을 떴더니 꿈이었다. 승부가 나지 않는 상태에서 잠이 깨자 묘한 기분이 들었다. 거룩하신 하느님께 사정해 보기로 했습니다.

꿈이 아니고 현실이었으면 나무를 꺾어서 위협을 하든지, 큰 나무로 오를 텐데. 꿈속에서는 도망칠 수밖에 없었다.

이불속에 누워서 흉몽은 아닌 것 같고, 돼지꿈이라 하기에도 석연치 않아 보였다. 하루에도 서너 번 꿈을 꾸게 된다. 매일 같이 꾸는 꿈이려니 생각하고 날이 밝기를 기다려야 했다.

날이 밝자 일어나 벽시계를 쳐보면서 책상 위에 있는 탁상달력을 봤다. 일정 표시에는 육지에 사는 딸이 32평 아파트 분양을 받고 이사하는 날이다. 높은 청약률을 뚫고 아파트가 당첨되어 이사하는 딸이 기특해 보였다. 이사를 잘하고 있는지 궁금해 딸에게 전화를 걸었더니 웃고 떠들면서 한창 이사 중이라 했다. 좋아하는 모습이 어젯밤 꿈의 좋은 징조로 여겨졌다.

이사 진척 상황을 물어본 후 통장에서 쌈짓돈을 인출하고 딸에게 이사 축하 기념으로 백만 원을 부쳐주었다. 저녁에는 텔레비전에서 좋아하는 예능과 트로트를 듣지 않고 일찍 잠을 잤다. 거짓말 같은 판타지 꿈을 또다시 꾸게 되었다.

한적한 로또복권방에서 산 복권이 당첨된 것이다. 용돈도 궁한데 복권이 당첨되어 기분은 이루 말할 수 없었다. 당첨번호를 보았더니, 2, 3, 4, 7, 8. 연달아 같은 숫자가 당첨 번호였다. 스카이콩콩처럼 폴딱폴딱 뛰면서 눈을 떴더니 꿈이었다. 좋다가 말았네! 허전한 생각이 들었다.

날이 밝자 득달같이 로또복권방으로 가서 만 원을 내고, 하나는 꿈에서 보았던 당첨 번호를 수기로 적고, 자동으로 입력되어 나오는 것까지 합쳐 두 장을 사게 되었다. 복권을 사서 복권 추첨 일을 그만 잊어버리고 말았다.

  며칠이 지나 꼬깃꼬깃하게 접어둔 복권을 지갑에 꺼냈다. 유명한 회사 입사 시험에 합격하고 또다시 확인하듯이 휴대전화에서 복권 번호를 검색했더니, 기대와 달리 꽝이었다. 꿈에서 보았던 숫자는 하나도 맞추지 못하고 자동으로 기재 된 복권은 등수에는 들지 않아도 두 개씩은 연달아 맞추는 것이었다. 이왕이면 하늘이 도와준 셈 치고 세 번호만 맞추었더라면 5등으로 본전을 찾을 텐데 아쉬운 생각이 들었다. 로또 사기 전에는 꿈속에서 본 복권 번호가 횡재하는 숫자인줄 알았다. 돈 욕심이 생기면서 복권 꿈을 꾸게 된 것 같다. 사지도 않던 복권을 오랜만에 사기는 했지만 기대와 달리 허탈하게 하였다. 이런 마음 때문에 복권을 사질 않는다.

  꿈속에서 멧돼지를 만나 기겁하며 도망치면서 숨을 장소를 찾았던 것도 행운이 깃든 대박으로 생각하였다.

  프로이트는 꿈의 특징은 욕망 충족이라 했다. 어떤 특징과 자주성은 수면 중 사람에게 가해진 육체적, 심리적인 자극을 환각적인 반응으로 스트레스를 해소하게 된다고 하였다.

  악몽을 꾸면 불길한 생각이 들고, 용이나 돼지꿈을 꾸면 운수가 좋을 거란 기대를 하게 된다. 백일몽은 아름다운 여인을 만나 한밤의 사랑하는 꿈이다. 에로틱한 공상이 산물로 성적 욕망이 충족되기도 한다.

　꿈은 무지개와 같은 존재다. 꿈속에서는 마음대로 할 수 없다. 결국은 몸부림치다가 깨게 된다. 몸부림은 한밤중 육체의 자주성 같아 보인다. 악몽이 아니면 꾸고 나면 금방 잊게 된다.

　아내는 딸이 아파트를 사고 이사하는 것을 도와주려고 경기도 수원으로 갔다. 이사는 잘하고 있나 걱정되다 보니 기쁨과 걱정으로 엇갈리는 심리상태가 꿈으로 나타난 것 같다.

훌쩍 커버린
아이들

아이들을 보면 애틋하면서도 대견하다. 2남 1녀 중 막내아들에 대한 추억이 애잔하다. 막내가 6살 때 아빠는 중환자실에 입원해 있었다. 엄마를 찾아 병원에 온 막내아들은 유치원을 다녔다. 누나와 형은 중고등학교에 다니고 있었다. 막내는 유치원이 끝나면 신촌서 시내병원까지 와서 엄마와 떼어지기 싫어했다. 아내는 남편 병간호와 아이를 돌보느라 30대 원형 탈모 증상으로 수척해졌다.

중환자실에서 퇴실하고 일반 병실로 옮겨 재활치료를 열심히 받았지만, 척수손상으로 걷지 못하게 되었다,

퇴원하고 제주시 신촌에 거주하면서 아이들이 졸업과 입학하는 것을 보면서 세월이 흐름을 깨닫게 했다. 대입과 입시가 겹치면서 아이들이 상급학교 진로를 결정해 주어야 하는데, 침대에만

누워있어 미안하기만 하였다.

아빠 생일날 누나와 형은 입시 준비로 선물은 생각할 틈도 없었다. 막내는 가족과 손님으로부터 받은 돈을 돼지저금통에 모아둔 오백 원, 백 원, 십 원을 모두 꺼내 선물로 주는 것이었다. 돼지저금통 깐 돈을 받고 기쁘면서도 애잔해 보였다.

지금 생각해 보면 제 딴에는 아빠를 기쁘게 해 주려는 것이었다. 지금처럼 글을 쓰는 것은 물론이고 운동과 동아리 활동은 생각도 못 할 때였다. 비장애인 시절 회사에서 내어준 스텔라 승용차를 타고 출퇴근했었다. 딸애는 그것이 자랑스러웠는지 큰 승용차를 타고 회사를 다녔다고 엄마 아빠 친구에게 자랑을 종종 했었다. 아빠의 좋은 점만 생각하려는 딸이 대견해 보였다.

지인들이 집에 찾아올 때마다 장애로 억울한 생각이 드는 것이었다. 호랑이는 죽어서 가죽을 남기고, 사람은 죽어서 이름을 남긴다고 하는데…. 집이나 밖에서 장애인으로 묻히고 싶지 않았다. 일거리를 찾고 싶어도 자신이 없었다. 그렇다고 나태하게 눕거나 앉아 있을 수만 없었다. 아내는 성당에 데려다 주며 많은 사람을 만나게 해 주었다.

성당을 나가다 보니, 같은 장애로 휠체어를 탄 곰솔회 회원이 집으로 찾아와 위로와 진로상담을 해 주었다. 곰솔회는 척수손상 장애인들로 구성된 모임이다. 성당 다니시는 사람에게 연락받았다고 하셨다. 속으로 집에 박혀있는 것보다는 밖에 나다니면 좋다는 생각이 드는 것이다.

 상담을 받고 장애인종합복지관에 나가 운동을 하면서 재활이 되자, 운동과 오락에도 흥미를 붙이게 되었다. 밖에서 운동하면서 장애인과 소통하면서 재미있는 시간을 보내게 되었다.

 복지관에서 운동을 하면서 문학 수업을 받게 되었다. 여성 수필가의 도움으로 수필을 알게 되었다. 세월이 흐르면서 책 두 권을 발간하게 되었다. 수필 공부에 매진하게 된 것은 딸 아들에게 자랑스러운 아빠가 되고 싶어서였다.

 딸은 육지 대학병원에서 간호사로 십여 년을 근무하며 환자를 돌보고 있다. 작은 애는 제주도 유명 호텔 쉐프로 일하고 있다. 스스로 일거리를 찾아 나서는 아이들이 대견해 보인다. 큰아들은 대학교 일 학년 재학 중 사병으로 입대했다가 부사관으로 16년째 군복무하고 있다. 유치원 때부터 자기주장이 강한 편이다. 바쁜 와중에도 강원도 관광지를 자주 구경시켜 준다. 상사로 진급한 뒤 올해부터 달콤한 신혼을 즐기고 있다.

 장애를 입기 전 가족과 함께 부산 온천장에 가게 되었다. 여행에서 아이들과 함께 추억을 쌓기 위해 온천탕 안에 들어갔더니 따뜻하면서 피로가 풀렸다. 아들은 풍덩풍덩 물장구로 헤엄치며 잠수하는 것이었다. 온천탕 안에서 나온 아들이 생뚱맞게 피부에 닿은 물이 만질만질하고 부드럽다고 하면서 웃는 것이었다. 비장애인 시절 아내와 함께 하였던 온천욕 추억이 생생하게 떠오르게 하였다.

늦었다고 할 때가 가장 빠르다는 말처럼, 전국을 돌아다니는 추억 여행을 하고 싶었다. 그러기 위해서는 아이들의 휴가 때는 전국 명승지 한곳을 선정하여 가족 모임을 하기로 하였다. 슬쩍 커버린 아이들을 생각하면 즐거운 힘이 생긴다.

하면 된다는 긍정의 효과는 안 될 일도 되도록 해 주는 것 같다.

 ## 성당 가는 날

    일요일 아침. 서둘러 양치질과 세수하고 묵상을 해 봅니다. 주일미사에 가기 위해선 배가 고파도 밥을 먹지 않습니다. 그렇다고 성당에서 점심을 주지는 않습니다. 미사 전에 밥을 먹지 않는 게 예수님과 성모님에게 예의라고 생각합니다. 성가집과 매일 미사 책을 책상 위에 놓고 커피를 마시며 성당에서 주님을 만날 생각을 하면 마음이 편안해집니다.

    성당에서 간절히 기도 할 일이 생겼습니다. 잘 다니던 직장을 그만두어 더 좋은 직장을 구해 달라고 기도를 드리기로 했습니다. 취직이 되지 않아 주님에게 투정 부려보기로 했습니다. 주 5일을 근무하다 보니 힘들어서 사표를 내게 되었습니다. 주 4일씩 근무하는 직장을 찾기 위해서였습니다. 거룩하신 하느님께 사정해 보기로 했습니다.

창밖에는 차 소리와 사람들이 말소리가 들립니다. 정장은 아니지만 콤비 재킷을 입고 거울을 보면서 빗으로 머리를 가다듬습니다. 책상 위에 올려놓은 성가집과 매일 미사 책을 장애인종합복지관 가죽공예로 손수 만든 가죽가방 안에 넣습니다.

손목시계를 봤더니 오전 10시 10분이었습니다. 취직이 되지 않아 마음이 조급해서인지 성당 가는 시간이 늦었습니다. 미사 한 시간 전에 성당에 나가 묵주기도 5단을 바쳐야 하기 때문입니다. 묵주기도로 성모님의 전구를 통해 하느님께 기도를 드리기 위함입니다.

현관으로 나와 휠체어에 무브온[1]을 장착하고 대문 밖을 나옵니다. 길가에 주차된 자동차와 공원 나무들이 새파란 빛으로 싱그러우며 충만합니다. 맑은 햇살을 받으며 동광성당으로 가는 게 신성하게 느껴지며 은총 받은 생각이 듭니다. 장애를 입고 생각도 못 했었는데 걸어가듯이 이동 보조기기로 어디든 갈 수 있기 때문입니다.

횡단보도 앞에 차광막 역할을 하는 그늘막이 놓여 있습니다. 비가 올 때는 옷이 젖지 않게 해주고, 한여름에는 보행신호를 기다리는 동안 더위를 피하게 됩니다. 차광막이 인간과 문화의 조화입니다. 서로에게 부족한 것은 채워주고 잘못된 것은 바로잡아주시라는 예수님 말씀이 생각나게 하는 인도입니다.

---

[1] 휠체어에 배터리를 설치한 전동이동보조기기

집에서 성당까지는 멀지 않지만, 휠체어에 장착된 무브온을 타고 횡단보도 세 곳을 건넙니다. 상당 위층에 있는 하얀 예수님상이 보입니다. 성당 건물 경사로를 따라올라, 현관 앞에 오면 화분에 노랗고 울긋불긋한 소국과 갖가지 꽃이 앙증맞게 피어 좋습니다.

성당 성전 문을 열면 예수님과 성모마리아상이 보입니다. 성전 안으로 들어와 맨 앞 장애인지정석에 앉습니다. 그곳이 휠체어로 성채를 모시기 좋고, 신부님 강론도 앞에서 듣게 됩니다.

경건하게 십자가를 쳐다봅니다. 가슴을 펴고 예수님 십자가를 향하여 눈을 지그시 감고 성호경을 긋습니다. 어제 올레길을 걸었습니다. 한라산 곁을 걸으면서 숲이 우거진 연못이나 냇가 옆에 서 있으면 아름다운 갈대이고 싶고 오름이나 넓은 들판에 서 있으면 세파를 이겨내는 억새이고 싶고 농사짓는 밭 가운데나 밭담 안에 들꽃이 활짝 피어 있으면 아무리 아름다운 야생화라 한들 농부가 싫어하는 잡초일 수밖에 없습니다. 주님 앞에 부끄러운 신앙인이 되지 않도록 해주십시오. 예수님과 대화하듯이 묵상하고 나면. 묵주를 잡고 묵주기도 5단을 바칩니다. 묵주기도가 끝나면 늘 해오듯이 합장한 채로 주모경을 바친 후 '오늘 성당에서 기도할 수 있게 해 주셔서 감사드립니다. 한 주간 주님의 영과 함께 할 수 있도록 도와주십시오. 주님 찬양합니다. 영광 받으소서.' 아멘. 기도 중에 눈을 감고 있어 캄캄할 것 갖지만, 오묘함을 느껴집니다.

 감사 기도 후 주보를 읽습니다. 주보를 읽고 묵상하다 보면 미사 시간이 가까워지고 사회자의 안내에 따라 기도를 드립니다. 함께 기도를 바치다 보면 우리들의 기도 소리가 성전을 가득 메웁니다.

 주일미사 참례를 마치고 성당 밖을 나오면 온갖 기쁨을 누리는 것처럼 마음이 편안합니다. 시원한 바람을 맞으며 집으로 옵니다, 집에 도착하기 전에 다음 주일 미사 날짜와 시간이 기다려집니다.

 성당 가는 날은 잔칫집 가는 기분이 듭니다. 며칠 뒤 나이가 있어 힘들다던 주님의 은총으로 취직이 되었습니다.

Episode

동행

남원 해안도로와 휴애리 생활체육공원
무브온 타고 오름 오르기
서귀포 치유의 숲
올레길 봉사자와의 동행
제주 올레길 제6코스
제주민속자연사박물관의 돌
화북동에서 신촌리까지 걷기
눈 구경

일상의 경계를 잠시 내려놓고
자연과 동행하기로 하였다.

|

올레길 동행에서
크고 작은 나무와 색깔이 다른 꽃들처럼
함께 어우러져야
사람이나 자연이 아름다워 진다.

남원 해안도로와
휴애리 생활체육공원

    2020년 5월 20일 수요일, 제주특별자치도 척수장애인협회가 마련한 '두 바퀴로 달리는 세상 속으로' 7회중 첫째날이다. 이날은 서귀포시 남원포구 해안도로를 걷는 날이다.

    행사에 참석하기 위해 집에서 제주교통약자 자동차를 타고 공설운동장 시계탑 앞에 왔더니, 상춘객으로 발 디딜 틈 없다.

    나무 그늘에는 동료들이 모자와 선글라스를 끼고 한껏 뽐을 내고 있었다. "작년보다 더울 것 같아 양산이 필요하다." "햇볕에 고사리가 빨리 자라서 꺾지 못하겠다." 참석한 사람들이 여기저기서 저마다 한마디씩 들뜬 소감을 표현한다. 코믹한 스토리 텔링처럼 재미있다. 올레길은 자연의 스토리 텔링으로 한결 여유롭게 해 준다.

    10시 30분 일행들이 모두 도착하자 리프트가 달린 특장 관광버스를 타고 출발했다.

기사님이 차 안에서 노래 부르는 것이 금지되었다며 감미로운 발라드를 틀어주었다. 스피커에서 흘러나오는 노랫소리는 차창 밖에서 보이는 꽃길 도로 풍경과 화음을 이루는 것 같다.

도로변 아름드리나무 가로수와 건너편으로 보이는 파란 오름이 시야에서 빠른 속도로 스쳐 지나갔다. 남원이 가까워지면서 차 안에서 점심 메뉴 예약을 받았다. 산나물 비빔이나 뚝배기, 회덮밥 중에서 먹고 싶은 것을 주문하는 것이다. 생각할 필요 없이 회덮밥으로 주문했다.

관광버스는 제동목장과 한남 수망리를 거쳐 남원 해안도로에 다다랐다. 큰 도로 옆을 지나 목적지인 해변 입구에서 내렸더니 새콤한 나뭇잎 냄새와 짭조름한 바다 내음이 풍겼다. 풀잎에서 나는 찐한 향기가 올레길임을 실감나게 하였다. 척수협회 사무처장의 전달 사항을 듣고 한 줄로 휠체어를 타고 걷기 시작하였다. 인도 바닥은 회반죽 아스콘으로 평평하게 포장되어 있어 휠체어로 다니기에 수월했다. 울긋불긋한 작은 야생화가 올레길의 품위로 다하고 있다.

몸이 불편해서 올레길은 몇 년 만에 나온 상태다. 한참을 걷다 보니 해안가에서 수평선이 펼쳐졌다. 바다는 호수같이 잔잔하였다. 잔잔한 물결이 에메랄드빛 융단을 깔아 놓은 모습이다.

남원리 해안도로 올레길과 휴애리 생활체육공원에는 처음이 다. 어제 만 해도 강한 돌풍으로 날씨가 심상치 않아 바람막이 점퍼를 입고 나왔다. 바다 곁을 걷고 있어서인지 덥지는 않았다.

바다를 보면서 걷다 보면 친숙하면서 반갑다. 수많은 갯바위가 보존이 잘 되어 세계자연유산으로 등재되었다. 싫증이 나거나 답답할 때면 종종 바다를 찾는 편이다.

일행 중에게 바다 풍경에 매료되어 은하철도 999를 타고 우주를 여행하는 느낌이 든다고 하였다.

해안가에서 식당까지는 3.2km. 12시까지 식당에 도착하고 점심을 먹기로 하였다. 해안에서 종아리까지 물을 적시며 바다 밑을 걷는 사람이 보이자, 해산물을 잡거나 낚시하고 싶었다.

해안 풍경을 음미하며 걷다 보니 식당에 도착하게 되었다. 식탁 위에는 밑반찬이 놓여 있었다. 들어오는 차례로 앉고 주문해 놓은 회덮밥을 먹게 되었다. 회덮밥 안에는 생선회가 많이 들어 있어 쫄깃쫄깃하게 하였다.

여행에서 음식을 빼놓으면 여행이라 할 수 없다. 바다와 들에서 나는 식재료로 만든 점심을 먹고 곧장 수국 축제가 열리는 휴애리로 출발하게 되었다. 점심을 푸짐하게 먹어서인지 버스를 타고 휴애리 생활체육공원으로 가면서 식곤증으로 졸음이 밀려왔다. 버스 안에서 쪽잠을 자다 깼더니 수국축제장에 도착했다. 차에서 내려 나무 그늘에 앉아 있자, 개인적으로 타고 온 차가 모두 도착했다.

척수협회 사무처에서 예매해 준 입장권을 받고 수국축제장 안에 들어갔다. 예상대로 각종 야생화로 거대한 꽃 정원이었다. 그냥 지나칠 수 없어 멋진 포즈로 사진을 찍다 보니, 빨리 오라고 재촉하는 것이었다. 속으로 수국축제장에 느긋하게 즐기는 것이 좋은데 빨리 오라니 아리송하기만 하였다.

걸어가면서 일행들이 모여지자, 우리가 관람할 장소는 여기가 아니라 저기 보이는 높은 난간으로 올라가야 한다고 하였다. 관람하고 두 시간 후에, 이곳에서 만나서 왔던 차로 집에 갈 거라 하였다. 약속 시간이 늦지 않도록, 재차 강조하는 것이었다.

활짝 피어 있는 길을 따라가다 보니 높은 동산 위로 올라가는 곳에는 나무로 만든 경사가 보였다. 척수협회 직원의 도움으로 동산에 올랐더니 흰색, 보라, 파랑, 붉은색으로 수국이 만개해 있었다. 수국으로 인해 왕궁의 정원 소풍 나온 기분이 들었다.

면류관을 쓴 듯이 근엄하게 피어 있는 수국이 신비롭게 여겨졌다. 수국 꽃길을 걷다 보니, 3시에 야외공연장서 흑돼지 공연이 시작된다는 소리가 스피커에서 들려왔다. 짧은 구간을 구경하고 동물공연장 안으로 들어갔더니 흑돼지 공연이 끝나고 울타리 안에 2십여 마리의 작은 흑돼지가 꿀꿀 소리를 내며 서 있는 것이었다.

2부 공연으로 공연장 상단에 설치된 LCD 대형화면에 오리들이 떼를 지어 걸으며 날아다니는 모습이 비쳤다. 곧 오리 공연이 시작될 거라 하였다. LCD 화면이 꺼지자, 20~30마리가량 되는 오리가 행진하듯이 옆에 설치된 높은 계단을 엉금엉금 기어오르고는 미끄럼틀을 타듯이 내려오는 것이었다. 캥거루처럼 점프와 툭 튀면서 날개를 새처럼 펴고 하강하는 것이었다.

    환호성 속에서 오리 공연이 끝이 나자, 수국을 보기 위해 빨리 밖으로 나왔다. 수국이 미로로 된 꽃길을 만든 것 같았다. 수국을 보면서 기념 촬영하면서 걷다 보니 아름다움은 경계가 없는 것으로 느껴졌다.

무브온[1] 타고
오름 오르기

무브온을 타고 며칠 후 숲길을 가려고 밧데리 충전이 잘 되었는지 확인하고 있다. 점검을 마치고 수건을 들고 무브온을 청소하고 있는데 전화가 왔다. 내일 절물 자연휴양림에 함께 가자는 것이었다.

그렇지 않아도 전동바이크로 올레길이나 여행을 한 번도 다녀보지 못해 고민하던 차였다. 동창들과 숲길 가기 전에 숲길에서 무브온 타는 연습이 필요했다. 3일 후에 초등학교 동창들과 제주시 삼다수 숲길을 가기로 잡혀 있기 때문이다.

다음 날 점심을 먹고 아내와 함께 전동바이크를 승용차에 싣고 절물휴양림 주차장에 왔더니 일행들이 기다리고 있다. 집에서도 무브온을 타고 절물 구석구석을 둘러 볼 생각이었다.

---

[1] 수동휠체어에 배터리를 설치한 기계장치 이동보조기기

얼굴을 마주치자 생각과 달리 방부목재가 깔린 절물오름을 오르자는 것이다. 절물 안을 둘러보는 것 보다는 절물오름도 괜찮아 보였다.

아내의 도움으로 무브온을 휠체어에 장착하자마자 오름을 빨리 오르고 싶었다. 예전에 초등학교 총무를 맡은 도움으로 수동휠체어를 손으로 밀면서 절물오름을 오르고 내려오기도 했었다. 무브온으로 절물오름 오르는 것이 처음이어서 기대와 설렘으로 가득 했다.

절물 안내표지판을 보면서 휠체어에 무브온을 장착하고 가다 보니, 약수터가 있는 절물오름 입구에 오게 되었다.

약수를 마시며 일행들을 기다리기로 했다. 아내는 오자마자 지쳐서 전동바이크를 따라오기 힘들다는 것이었다. 아내는 절물 안을 살펴보면서 혼자 다니기로 했다. 일행들이 도착하자 비장애인 없이 셋만 절물을 오르기로 했다.

동료들이 암반에서 떨어지는 생수 한 모금씩 마시고, 꿀벌처럼 꿀을 찾아 하늘을 날듯이 무브온으로 절물오름을 오르기 시작했다. 쪽빛 하늘과 사방을 가리는 새파란 나뭇잎이 햇빛에 반짝거려 마치 무릉도원에 있는 듯했다.

무브온을 타고 절물오름을 걷다보니 혼연일체로 무아지경에 빠지게 하였다. 기분은 태곳적 길을 걷는 느낌이다. 숲속 사이로 푸드덕푸드덕, 찌르륵~찌르륵 새소리를 내며 날갯짓하는 새들이 정적이다. 가만히 앉아서 새소리를 오래도록 듣고 싶게 했다.

　대교처럼 된 방부목재를 깔아 만든 통로를 따라 걷다 보니 형형색색으로 수놓은 나무 색깔이 거대한 파도처럼 출렁인다.

　오름 한 바퀴 돌고 내려오다 보니 바퀴에서 모깃불처럼 연기가 솔솔 나는 것이었다. 속도를 줄였더니 앞으로 나가지 않는 것이었다. 그나마 앞서 있어서 천만다행이었다. 뒤처지고 낙오가 된다면 낭패 보기 십상이다. 어디서든 일행보다 앞서가는 습관이 있다. 위험시 동료로부터 구조가 빠르기 때문이다.

　표시판에 그려진 현 위치를 보았더니 3km만 내려가면 출발했던 지점이다.

　작은 오르막을 올라가는데 갑자기 전동바이크가 뒤쪽으로 쏜살같이 미끄러졌다. 다행히 난간 밧줄에 걸려 벼랑으로 굴러 떨어지지는 않았다. 가슴이 철렁 내려앉아 십년감수했다는 말이 절로 나왔다.

　뒤따라오던 동료가 장난으로 휠체어를 뒤로 미끄러지게 하는 줄 알았다고 하면서 웃는 것이었다. 일행들과 전동바이크를 밧줄에서 떼어 놓아 또다시 동산을 오르려 해도 뒤로 미끄러지면서 뒤로만 가는 것이었다. 또다시 휠체어 한쪽 뒷바퀴가 낭떠러지 방부목 난간 밑에 빠져 꼼짝달싹할 수 없었다.

　관리사무실로 전화를 걸려고 해도 휴대전화가 터지지 않았다. 연락할 방법이 없다. 척수협회 사무장이 오름을 내려가 관리사무소에 도움을 요청으로 무사히 내려올 수 있었다.

오름을 내려와 전동바이크 앞바퀴를 보았더니 신고 있던 운동화가 앞바퀴에 쏠리면서 브레이크처럼 되고 말았다. 원인은 신발에 안전띠로 고정을 시키지 않아 죽을 뻔 하였다. 무브온만 믿고 봉사자 없이 오름 탐방하는 것은 무모한 것임을 알게 되었다. 안전불감증이 큰 화를 부를 뻔했다.

서귀포 치유의 숲

　서귀포시 치유의 숲길에 왔다. 차에서 내리자, 피톤치드 냄새가 물씬 풍긴다. 제주시에서 출발해 서귀포 무장애 숲속을 걷기 위해 왔다.

　주차장 너머로 나무가 우거진 곳이 노고록 무장애 숲길이라 부르기도 한다. 노고록은 제주어로 '편안하다'는 뜻이다. 숲속은 노약자나 휠체어, 유모차 통행하기 좋게 유니버설디자인으로 설계된 숲길이라 하였다.

　제주도에 거주하면서 치유의 숲은 오늘 처음 오게 됐다. 한 줄로 노고록을 걷기 시작했다. 자연 훼손을 최대한 줄일 수 있게 조성되어 있다. 입고 있던 옷깃에 나뭇잎이 사락사락 스치는 것이 정겹다. 나뭇잎이 옷자락에 스치며 걷는 것이, 얼마인지 모르겠다.

　치유의 숲 지킴이 역할을 하는 자연 해설사 안내를 받으며 들어선 노고록 무장애 숲길 안은 어지러이 들려오는 새소리에 마치 어릴적 영화에서 보았던 밀림 같았다. 양옆 방지턱이 한 뼘 정도 높이로 되어 있어 휠체어를 탄 사람이나 어린이들은 땅 밑까지 자세히 볼 수 있게 됐다. 방부목으로 땅 꺼짐이 덜 할 것 같다. 편평하게 놓여 있는 것이 꽃길 습지를 걷는 것 같다.

  울창한 숲을 음미하며 걷다 보니 외국에서 공부했던 사람이 생각나는 것이다. 2005년도에 프랑스에서 공부하다 온 지인에게 들은 얘기다. 숲길 탐방에 나서면 정해진 산과 출입구 외 바깥 출입이 통제되며, 정해진 산행길을 벗어나서도 안 된다고 했다. 고사리 같은 나물채취도 법으로 금지되었다고 했다. 만약에 고사리를 꺾다가 들키면 개수로 하나나, 벌금 가격을 정하거나 무게를 달거나, 둘 중 하나를 선택하여 벌금을 내야 한다고 했다. 지위고하를 막론하고 처벌이 철저하여 정해진 길로만 다녀야 한다고 했다.

  치유의 숲 관목을 보면서 깊이 들어갔다. 한라산 해발 320~760m에 있는 숲길이 처음엔 해발 250m까지 만들었다가 복권 기금을 지원받아 870m까지 자연 그대로 확장되고 있었다. 깊이 들어갈수록 침엽수, 활엽수, 낙엽수 식물이 다양하게 분포돼 있다. 걸어가면서 가쁘게 숨을 크게 몰아쉬었더니 피로가 풀리면서 개운해졌다. 새소리와 하늘을 가리는 수림이 어린 시절 큰 절이나 산속에서 놀았던 일을 생각나게 했다.

  코로나19 팬데믹이 끝났지만, 마스크를 쓴 사람이 있다. 하지만 마스크를 하지 않고 걷는 사람이 많았다. 마스크를 끼고 숲속을 걷는 것은 의미가 없어 보였다. 소나무와 편백나무 파란 잎에서 나는 진한 피톤치드 향균 냄새로 아드레날린이 콧속으로 스며들며 유쾌하게 했다. 양치식물인 고사리가 겨울잠에서 깨어나 순이 올라오고 있었다. 복수초는 민들레처럼 노란색으로 꽃을 활짝 피우고 있다. 새우처럼 등굽은 새우난이 꽃대를 지팡이처럼 길게 세우고 연보라색 봉오리가 봄을 반기고 있다. 식물의 새싹이 우리보다 더 봄을 좋아하는 것으로 보였다. 겨우내 소나무에 매달려 있던 솔방울이 툭 떨어지는 소리에 새들이 날갯짓이다.

현무암 틈새로 곤충이 보인다. 빽빽한 나무 밑으로는 야생화의 영역이다. 눈썹만큼씩 돋아나는 파란 잎이 바위를 덮고 있다. 초목을 이룰 때면 공기가 치유의 숲 환경이다.

숲을 살펴보며 걷다 보니 통나무로 된 그루터기 의자가 보였다. 그루터기는 앉아서 쉬어가라는 뜻으로 일행들과 앉아 있기로 하였다. 나뭇잎이 바람에 바스락거림의 망중한에 빠져들게 했다. 그루터기 사색에서 나무와 풀보다는 사람으로부터도 위로받는 것 같다. 자연이 사람들을 너그러우며 친절하게 하고 있다. 자연과 조화를 이루는 모습이 한결같아 아름답게 하였다.

자연과 한몸이 되려거든 식물과 곤충하고 마주 보기만 하면 될 것 같다. 시간 가는 줄 모르게 앉아 있게 하는 것이 숲속이 응접실 같다. 치유의 숲 응접실에는 자연을 존중하는 사람들끼리 덕담 나누는 모습이다.

올레길
봉사자와의 동행

 일행들과 걷기 위해 전동휠체어를 타고 대흘리 교차로에서 하차했다. 차에서 내리자, 건초더미 위로 보이는 백록담이 하얗다. 백록담 계곡 밑은 가을인데도 벌써 하얀 눈이 덮여 있다. 건초 밭 옆으로 넓고 길게 뻗은 아스팔트 길에는 렌터카, 관광버스 화물차가 소음을 내며 오가고 있다.

 대흘리에서 올레길 걷는 것은 처음이다. 너른 들판 너머로 아스라이 보이는 오름이 항아리나 밥그릇처럼 불룩 오목한 게 태초의 골창같다. 오름과 넓은 목장을 보면서 걷는 게 곡식 수확을 마친 농부 마음이다.

 양쪽 도로변에 오롯이 피어 있는 야생화가 앙증맞다. 하얗고 노란 꽃들이 씨앗 뿌리기가 멀지 않아 보인다. 밭담 앞과 너머로 보이는 나무들이 수림을 이루고 있어 하늑하다. 전봇대처럼 삐죽삐죽 길게 솟아오른 편백이 더욱 높게 보였다.

나무 사이로 단풍이 불타듯 붉은 선홍빛으로 물들면 보기 좋겠다는 생각도 들었다. 억새꽃이 하얗다. 나무 틈새로 파란 하늘이 개울물처럼 맑아 보인다. 이름 모를 나무와 꽃이 피었던 야생화 잎이 빛바래고 있다.

식물에 심취되면서 천천히 걷다 보니 일행들과 너무 뒤처져 길 잃은 느낌이다. 다문화가정의 자원봉사자로 오늘 동행인이 되어준 미스에게 "혼자 따라오게 해서 미안합니다." 하였더니 "혼자가 아니에요. 함께 있잖아요!"라고 대답했다. "말 한마디에 천 냥 빚을 갚는다'는 속담이 떠올랐고, "기분 좋습니다."라고 말하자, 웃으면서 "마스크를 벗으세요! 그래야 공기가 향기로워요."라며 빙긋이 웃는 것이다. 다문화가정에서 봉사자로 지원 나온 분과 걷는 것이 재미있었다.

일행 중에 낙오자나 부상자를 위해 카니발 리프트가 달린 차량이 우리 뒤를 졸졸 따라오고 있다. 미안한 생각에 저 차를 타고 먼저 가라고 했더니, "걷기 위해서 왔는데, 왜 내가 차를 타야 하나요?"라며 정색하는 것이다. 미스에서는 내 호의를 단박에 받아친 것에 무안한 생각이 들었는지, 억새꽃을 꺾어 나에게 주는 것이었다. 생각도 못 했던 억새꽃을 받자, 감동이 되는 것이다. 나는 길을 걷는 것이 취미처럼 됐다고 하였더니, "제주도는 무척 아름다워요! 사람도 상냥해요!"라며 표준어와 제주어를 섞어서 이야기 나누며 걷게 됐다. 외국에서 와서 제주에서 남편을 만나 결혼을 하고 30년 이상 생활하면서 자연 해설사로 활동하고 제주적십자 참조은봉사회에서도 활동하신다고 하셨다. 처음에는 금발의 출중한 외모로 오십 대 초반으로 생각했었는데 육십이 가까워진다니 믿어지지 않았다.

곶자왈 안에는 사람이 살았던 흔적이 군데군데 있어 옛날에 숯 굽던 장소나 화전민이 살았던 생각이 들었다.

일상의 경계를 잠시 내려놓고 자연과 동행하기로 하였었다. 들녘과 벗 삼아 걷기가 타인이나 피부색에 대한 차별이란 경계까지 허물어지게 하였다. 금발의 봉사자로부터 도움을 받게 되었을 때 언어 소통과 문화가 달라 걱정되기도 했었다. 올레길 동행에서 크고 작은 나무와 색깔이 다른 꽃들처럼 함께 어우러져야 사람이나 자연이 아름답다고 얘기하며 걸었다.

 제주 올레길
제6코스

　제주 올레 제6코스를 걷기 위해 기획단원이 모였다. 올레길 제6코스 휠체어 구간으로 쇠소깍 안내센터~보목포구까지다. 모두를 위한 제주 올레길 무장애 시설이 잘 갖춰졌는지 모니터링 역량강화 사업의 일환이다.

　장애인종합복지관 올레길 기획단원들은 쇠소깍에서 보목동 섶섬 앞까지 걷기 위해 탐라복지관에서 9시 30분에 봉사자와 다섯 명의 단원과 승합차에 탑승하고 쇠소깍이 있는 효돈동으로 출발하였다.

　차는 남조로를 경유하다 보니 푸른 벌판에서 말들이 풀 뜯는 풍경이 말처럼 마음도 살찌는 기분이다. 비록 역량강화 사업으로 걷기 위해 가는 길이지만 여행의 설렘은 마찬가지이다. 긴 하천과 커다란 바위 틈새 수림으로 우거진 계곡을 생각하다 보니 우리가 탄 차는 효돈마을로 들어서

게 됐다.

구불구불하고 좁은 시골길 돌담이 낯익게 했다. 돌담 사이로 옹기종기 보이는 나무에서 노랗게 익어가는 밀감이 열대야로 무덥던 한여름을 떨쳐버리고 가을이 다가왔다는 것을 새삼 느껴지게 하였다.

집들로 계속 이어지는 마을 길을 벗어나자, 담수와 해수가 만나서 물통을 이루는 쇠소깍에 도착하였다. 커다란 숲처럼 보이는 밑에는 저수지처럼 물이 고여 있다. 길거리와 상가에는 많은 사람들로 북적인다.

주차할 장소를 찾아다니며 힘들게 주차하였다. 도로로 나와 쇠소깍 옆으로 갔다. 커다란 통나무로 만든 자리 테우가 놓인 앞에 집결하였다. 올레길 탐방로 걷기 전에 탐라장애인종합복지관 직원이 오늘의 일정을 설명하였다. 차들이 많이 다니고 있어 안전에 주의하라는 당부를 듣고 곧장 올레길 역량강화 사업으로 보행 환경, 편의점, 카페, 식당, 장애인화장실 접근성을 살펴보고 걷기로 하였다.

쇠소깍에서 쳐다본 푸른 바다가 남태평양이나 섬에 나온 기분이다. 멀리서 보이는 지귀도는 온갖 어류와 해조류의 서식지이다. 그렇다고 물에 잠기는 수중 암초는 아니다. 강태공들의 낚시와 스쿠버다이버들이 유영하기 좋은 곳이다.

베란다처럼 만들어놓은 난간에서 밑을 내려보았더니 쇠소깍 벼랑은 깎아지르듯 바위 곁에 있는 푸른 활엽수와 침엽수가 아찔하게 했다. 누구도 범접할 수 없는 나무와 벼랑이 신의 집인 정원이란 생각을 들게 했다.

쇠소깍 바닥은 울퉁불퉁 회색빛으로 속살을 드러낸 색바랜 암석 웅덩이가 억겁의 세월을 간직하고 있다. 웅장한 기암괴석이 수놓은 암반 둘레와 벼랑 밑이 커다랗게 움푹 패인 것이 분화구처럼 보인다. 새파란 물이 있는 곳에 내려가고 싶어도 휠체어를 탄 나에게는 계곡이 허락하지 않았다. 작은 카약 같은 배를 타고 찰랑찰랑 물을 가르는 모습이 천진난만해 보인다.

일행은 확 트인 바닷가를 보면서 보목리 방파제까지 쉬엄쉬엄 걷기 시작했다. 도로는 장애물이 없어 휠체어를 탄 나에게 걷는 데는 부담이 없다.

수평선과 맞닿은 하늘에는 하얀 구름이 김처럼 모락모락 피어오르며 둥글게 퍼지고 있다. 쪽빛 바닷가가 신기루 속 오아시스 같다. 쇠소깍을 벗어나자 높은 오르막으로 도로가 높아도 무브온[1]이 장착된 휠체어를 타고 걷다 보니 장애인 보조공학의 중요성을 알게 했다.

가파른 오르막을 오르자, 가뭄 때 기우제를 지내던 구럼비나무가 밭의 방풍림 역할을 하고 있다. 나뭇잎 냄새를 맡으며 걷다 보니 간조로 널찍하게 속살을 드러내며 길게 뻗으며 수중 암반이 드러나 있다. 다양한 형상의 갯바위는 천혜의 작품

---

1) 전동휠체어

이다. 연보라색 파도가 돌과 바위에 부딪치며 하얗게 거품을 일고 있다. 한결같은 파도는 물속을 새로운 산소로 정화해 주는 순환계다. 바다의 심장과 혈관이 파도이면, 올레길은 일상생활에 지친 우리를 치유해 주는 곳이다.

풍화와 퇴적이 반복되는 올레길에서 자연의 친화로 비바람에 바위가 깎이듯이 스트레스를 날려버리고 있다.

자연에 매료되며 걷다 보니 숙박시설과 편의점이 보였다. 올레의 접근성 좋은지 보아야 했다. 언제 어디서나 휠체어가 연리지로 손과 발이 되어 주고 있어 출구를 확인했다.

접근성이 좋은 편의점 앞을 지나칠 때는 자연과 모두에게 감사한 마음이 드는 것이다. 무장애 올레길은 장애 유형, 성별 나이 불문하고 편안하게 걸을 수 있는 곳이다.

옛날보다는 편의점과 올레길이 장애인에게 걷기 좋아졌다고 하지만, 화장실 안으로 가려면 아주 작은 턱과 안이 넓지 않아 전동휠체어를 이용하는 사람이 힘들었다. 상가에서 모자를 사려고 하면 계단 밑에서 손가락으로 가리키며 구입해야 했다.

옥에 티처럼 생각 없이 놓은 높은 턱이나 "이대로도 좋다"란 말 한마디가 불편하게 만든다. 제주 올레 6코스를 걸으며 지역사회 안에서 휴게시설과 관광권을 유니버설 디자인으로 설계하다 보면 장애에 대한 벽과 차별이 허물어질 것 같다.

 # 제주민속자연사박물관의 돌

    주차장 주변으로는 제주를 대표하는 암석이 보인다. 커다란 현무암이 고인돌처럼 놓여 있다. 화산 폭발로 용암이 흐르면서 나무를 감싸면서 굳어버린 용암수형석 가운데가 비어 있어 항아리 같은 모양이다. 용암이 천천히 흘려가면서 퇴적물이 모래톱처럼 쌓여있는 용암구는 제주의 돌밭을 연상시키게 하였다.

    제주민속자연사박물관은 제주시 일도이동 삼성로에 자리 잡고 있다. 제주인의 살아온 발자취인 역사, 전통, 자연을 사진, 실물, 영상 등으로 볼 수 있게 되어 있다.

    민속박물관 진입로에는 넓은 주차장과 휠체어를 타고 들어갈 수 있는 커다란 대문이 한옥 성문처럼 보인다. 주차장 옆으로 마을에 사악한 기운을 범접 못 하도록 작은 돌로 쌓은 방사탑이 자리를 틀고 있다. 방사탑은 조업이나 마을이 무사 안녕을 바라며 주민들이 단합하여 정성껏 손수 쌓아 올린 탑이다.

제주는 화산이 폭발하면서 용암이 흘러내려 지층을 이루고 있다. 지표면에 바위 같은 돌이 많고 토양이 척박하여 농사짓기가 쉽지 않았다. 산이나 해안가에는 마그마가 분출되면서 굳어 있는 현무암이 비바람에 적색이나 노랗게 풍화되면서 태곳적 지층을 그대로 볼 수 있다. 제주의 상징인 돌로 이루어진 한라산 백록담의 전설은 신선이 노닐 때 흰 사슴의 터전으로 신비를 간직하고 있다.

박물관 안으로 들어오는 입구부터 아름드리나무가 깊은 산속처럼 수려했다. 가로수처럼 되어 있는 나뭇잎 향기를 맡으며 조금 가자, 물허벅을 맨 여인이 물팡 위에 있는 항아리에 물 붓는 현무암 조각상이 보인다. 옛날에 어머니가 용천수에서 물을 길어 집으로 오던 모습을 떠올리게 했다. 커다란 암석이 놓여 있는 뒤로는 꽃이 붉게 피려는 배롱나무와 소나무가 동산 위에 심어 있어 매미 울음소리가 정겹게 했다.

돌로 만든 어머니상 옆으로는 커다란 암석 덩어리 궤뒤주[1] 같은 받침대가 물동이를 놓았던 물팡이다. 물팡은 밥을 짓는 부엌의 입구에 있다. 쳐다보기만 해도 시원한 물 한 그릇을 먹고 싶었다. 물허벅을 맨 어머니 조각상을 사진 속에 담고서는

---

[1] 옷이나 귀중한 물건을 보관했던 사물함

암석이 보는 곳을 둘러보기 시작했다.

갖가지 형상 그대로 생긴 현무암을 둘러보고 나서 민속관 본관 건물을 쳐다보자 높은 계단이 옛날 제를 지냈던 제단처럼 보였다. 계단 옆으로는 돌하르방이 서 있다. 성 입구나 마을 어귀 등지에 세워놓아 악인의 접근을 막으며 마을을 지켜주는 수호신 같은 존재였다. 코가 부리부리해 보기만 해도 위엄이 있다.

민속자연사박물관 건물은 제주 전통 초가와 비슷한 건물로, 벽은 돌로 되어 있지만, 지붕은 작은 돌멩이로 덮여 있었다. 초가 전통가옥을 보면 기후 영향에 돌을 이용한 겉 뼈대에 지붕은 풀과 넝쿨 등 식물의 재료를 많이 활용해 왔다. 초가지붕은 원래 띠(새)를 5cm 두께로 멍석처럼 펴면서 전체를 덮은 후 위로는 태풍과 북서 계절풍에도 견디도록 띠를 바둑판처럼 겹겹이 묶여 있었다. 외벽은 돌을 쌓아 흙을 발라서 여름에는 시원하고 겨울에는 따뜻했다.

제주의 여느 해안이나 마을은 대부분 암반으로 이뤄져 울퉁불퉁하면서 평지가 흔치 않다. 어느 곳이든 땅을 깊게 파다 보면 원유나 값나가는 광물보다는 단단한 암석 지질이 많다. 여담이지만 도시건설이나 집을 짓기 위해 토목회사에 지형을 모르고 수주를 위해 덤벼들고 큰 손해를 보고 철수하는 것을 보기도 했었다. 길을 뽑다 보면 바닥이 커다랗고 딱딱한 암반으로 입찰받은 금액으로 공사를 마치기가 힘들었다.

제주도는 거친 환경에 이가 없으면 잇몸으로 산다는 속담처럼, 돌을 재료로 사용하는 문화가 발달하게 됐다. 겨울철 방을 따뜻하게 하려고 넓적한 돌로 평상처럼 구들장을 놓아 그 밑으로 불을 때면 방안이 후끈후끈 달아오르게 하였다. 곡물 껍질을 벗기는 물방아. 돌로 동그란 ᄀ래를 만들어 곡물을 제분하였다. 주상절리와 비슷한 돌테를 만들어 밭에 씨앗을 뿌린 후 바람에 휘날리지 않도록 땅을 밟는 데 사용해 왔다. 돌로 만든 남방아, 곡식을 빻은 돌ᄀ래, 가축을 먹이는 커다란 돌그릇. 돼지를 키우는 장소(돗통시)와 먹이통(돗도구리)도 돌을 이용하였다. 산담도 흙이 아니라 돌로 만들어 가축이 안으로 들어오지 못하도록 사각형으로 높게 만들어져 있다. 해녀들이 물질을 끝내고 시린 몸을 말리기 위해 불 피우는 장소인 불턱도 커다란 암반 밑이나, 둘레를 장성처럼 높은 돌담을 쌓아 아랫목같이 해녀들이 사용해 왔다. 심지어 바다에서 항해하는 배를 위해 등대같은 도댓불을 돌로 만들어 안개나 비 오는 날씨에 해안가 포구를 잘 찾아오도록 했었다.

집 담장은 생긴 대로 듬성듬성 구멍이 나게 돌멩이를 자연스럽게 쌓아 올려 태풍이나 바람에 무너지지 않게 하였다. 휘어진 담벼락과 붙어 있는 집 대문도 돌을 비석같이 넓적하고 길게 다듬어 위아래로 구멍을 세 개 뚫어 놓아 정낭을 양쪽으로 걸려 있으면 주인이 없어 가축과 사람을 들어오지 못하게 하였다. 돌로 만든 정낭이 대문 열쇠 역할을 하였다. 자연친화로 정겨움이 묻어나는 구조이다.

　해안이나 들은 커다란 바위 같은 돌이 풍화작용으로 지형이 거칠면서도 아름답다. 용암이 지하로 흐르면서 생긴 거문오름, 뱅뒤굴, 만장굴, 용천동굴과 웅장한 산방산, 용머리해안, 용두암 등 천혜의 자연경관이 보는 이로 하여금 찬사를 자아내게 한다.

　해변 마을마다 방파제는 천연 포구로 고기를 잡는 배가 정박하기 좋은 입지 조건으로 배 대기가 수월하게 되었다.

　제주도는 국내 최초로 2010년 세계지질공원 인증이 되면서 세계 유일 유네스코 자연과학분야 3관왕에 올랐다. 암석과 동굴 보존 가치가 높으며 세계자연유산으로 더할 나위 없다. 곶자왈 밑으로는 미네랄이 풍부한 지하수가 암반 위에 물동이 안처럼 그대로 저장되게 하였다.

　제주민속자연사박물관에서 돌에 대한 쓰임새로 척박한 환경을 이겨냈던 선조의 발자취가 자랑스럽다.

# 화북동에서
신촌리까지 걷기

올레길을 걷기 위해 일찍 나왔더니 아무도 없어 집에 돌아가고 싶었다. 모임 장소는 옛 화북초등학교다. 이왕 나온 김에 운동장 한 바퀴를 돌기로 하였다. 천천히 돌다가 몸이 불편하면 사정을 얘기하고 집에 갈 생각이었다. 한 바퀴를 돌았더니 숨이 차면서도 기분이 한결 나아지게 됐다.

운동장을 돌고 정문 앞에 서 있었더니 일행들이 오기 시작했다. 동창들이 정문에 모이자. 인원 파악하면서 미리 정해진 코스이지만 총무가 재차 설명하였다. 오늘 올레길은 왕복 10㎞로 안전에 주의해 달라는 것이었다.

지금부터 걷기 시작하면 원당봉을 지나 신촌리 닭머르 해안을 둘러보고는, 화북 포구식당에서 입맛에 맞는 자리물회나, 얼큰한 매운탕을 먹고 각자 헤어지기로 했다. 모든 설명이 끝이 나자, 오랜만에 만난 동창들과 악수하고 출발하게 되었다.

  태어나고 자란 곳을 기점으로 올레길은 처음이다. 제주시 화북동 푸른 바다를 쳐다보며 걷다 보니 마을과 바다가 환히 보이는 동산 위에 왜적이 침입하면 불을 지폈던 연대가 우주 발사체처럼 보였다. 갯바위 위로 높고 길게 쌓아 마을을 지키며 방어했던 환해장성과 연대가 믿음직스러웠다.

  개발의 물결에 휩쓸리지 않고 오래도록 남아 있기를 바랄 뿐이다.

  화북, 동마을 유적지인 환해장성을 보면서 걷다 보니 어느새 삼양동 포구에 다다르게 되었다. 방파제에는 작은 나무배 대신 철과 FRP(유리섬유강화플라스틱)로 만든 대형 어선들이 정박해 있었다. 해일을 막는 둑 위에 앉아서 노인들이 릴낚시하고 있다.

  낚은 고기가 궁금해서 바구니를 살펴보았더니 모살치[1], 놀레미로 흔한 고기였다. 낚은 고기를 보면서 쉬는 도중 일행들이 다가오자, 출발해야 했다. 올레길에서 편평한 바닥이 끊기고 계단이 놓여 있으면 휠체어 이용자는 도움이 필요하기 때문에 다른 사람보다 10~20미터 앞서가는 편이다.

  시멘트로 둑을 쌓아 해일을 막아주는 방파제 둑길이 끝나자, 여러 색으로 선팅된 상가 대형 유리창이 발길을 잡았다. 상

---

[1] 보리멸

가 간판이 호기심을 불러일으켰다. 상가 안을 유리창 너머로 살펴지는 것이었다. 화려하고 편리한 것을 찾는 것이 몸에 배었기 때문이다.

상가건물을 지나 검은 모래로 유명한 삼양해수욕장에 다다르게 되었다. 해수욕장 안으로 들어서자, 갯바위에 부딪히며 이슬만 한 해수가 얼굴과 이마에 맞닿자 차갑게 느껴졌다.

해수욕장 방갈로 옆에서 가지고 온 빵과 음료수를 나눠 먹은 후 걷기로 했다. 일행들과 함께 해수욕장을 빠져나오자. 옛 지명인 지름개로 접어들었다. 확 트인 바다가 한눈에 들어와 시원하게 했다. 바닥이 아스콘이나 콘크리트로 되어 있어 길의 변화가 실감하게 하였다.

집이 모여 있는 옆으로 삼양동 용천수가 솟아나는 곳을 지나치게 되었다. 제주도는 4면이 바다로 강이 없는 대신 화강암 지하로부터 용천수가 나왔다. 그 물을 식수나 농업용수로 사용했다.

옛날부터 용천수가 나오는 옆으로는 크고 넓은 화강암을 이용한 방파제가 있었다.

보트가 메어 있는 포구를 지나자, 화력발전소 벽돌로 쌓아 올린 듯한 굴뚝이 보였다. 거대한 굴뚝을 보면서 가다 보니 발전소와 멀어지게 되었다. 이곳부터는 원당오름 능선을 타야 하기에 휠체어를 밀고 올라간다는 게 쉽지 않아 보였다. 혼자 힘으로 휠체어를 밀다가 오르막이 있으면 도움을 받으며 걸었다.

한참을 가다 보니 오름 기슭에서 한옥 건물이 원나라 시대 지은 원당사란 절이 보였다. 비장애인 시절 친구와 둘러보기 위해 서너 번 갔던 절간이었다.

　손가락에 쥐가 나도록 휠체어를 밀면서 오다 보니 어느새 오름 중턱에 다다랐다. 올라왔다는 자신감에 팔을 벌리고 힘껏 기지개를 켰다. 파란 오름과 푸르스름한 바닷가 경관에 심취되어 수평선과 맞닿은 허공과 하늘을 쳐다보았다. 시원한 바람과 초록을 품은 원당오름 능선에서 쳐다보는 수평선이 아스라이 하다.

　고기를 잡고 들어오는 어선과 물건을 실어 나르는 화물선이 뽀얀 연기를 내면서 드나드는 모습이 내셔널지오그래픽 다큐 장면 같다. 오름과 갯바위 위아래로 피어 있는 야생화가 노랗고 붉고 흰색의 꽃 색깔이 원님 행차를 반기는 느낌이다.

　동쪽벼랑 밑으로 닭머르 해안이 나지막이 보였다. 더 오를 수 없는 내리막이다. 산과 바다에서 불어오는 바람을 맞으며 내려가다 보니 평지다. 길가 옆 비닐하우스에서는 노랗게 달린 감귤이 먹음직스러웠다. 말이 씨가 되듯이 가방 안에 있는 감귤을 꺼내 먹었더니 달콤한 맛으로 온몸이 사르르 녹아내렸다.

　감귤을 까먹으면서 농로 길을 따라 내려오자 굽이진 돌담 양편으로는 철쭉, 진달래, 장미 등이 활짝 피어 있다. 꽃축제 길을 걷는 것 같다.

　남생이 습지를 지나 청보리가 피어 있는 돌담길을 따라 걷다 보니, 억새밭 너머로 바다와 팔각정 정자가 보였다. 정자 동남쪽으로는 커다란 옹벽 같은 암석이 보였다. 닭이 들어앉은 모습과 비슷해 닭머르라 부르는 바위이다. 화북동에서 휠체어를 밀면서 닭머르해안까지 왔다는 생각에 가슴이 뭉클하게 했다. 휠체어를 밀어주면서 함께 올레를 걷는 초등학교 동창이 고맙게 여겨졌다.

    서로 의지하며 걷는 올레길이 나에게 수눌음 같다.

 ## 눈 구경

　텔레비전 화면에 눈 쌓인 풍경과 눈 내리는 영상이 선명하다. 한라산 폭설이 장관이다. 집 밖에는 쌀쌀하지만, 마당에는 눈은 보이지 않는다. 텔레비전 자막과 휴대전화 안전안내 문자에는 '설날 대설로 인해 1100로와 5·16도로 교통통제. 한라산을 경유하는 소형과 관광 눈꽃버스는 통행이 불편하다고 했다.' 차례와 세배를 마치고 내일 한라산을 관통하는 도로로 눈 구경 가고 싶었다.

　다음 날 날이 밝자 눈 쌓인 모습을 차 안에서 보기 위해 1100도로를 드라이브 코스로 잡았다. 교통약자를 이용하고 천백 도로를 거쳐 서귀포에 갔다 올 수는 있다. 차 안에서 말동무를 찾아야 했다. 여행이란 자연이나 관광지 풍경을 대화하듯이 속닥거리며 돌아다니는 추억이 된다. 장애인활동도우미 차를 타고 함께 여행하면서 출출할 때 차에서 내리고 편의점이나 카페에 들러 기호에 맞는 음료를 마시며 구경하다 보면 답답했던 마음이 한결 가벼워 진다.

열 시쯤 활동도우미가 운전해 주는 승용차로 눈 구경 가기로 했다. 차를 타고 노형 로터리를 출발하고, 천백 도로 입구부터 정체가 시작돼 귀성길 톨게이트에서 줄 서서 기다리는 느낌이다. 도로는 제설 작업으로 길 양쪽에는 눈 뭉치가 보리잎 짚단을 쌓아 놓은 듯이 둥글게 놓여 있다. 하필이면 대형 관광버스 뒤를 따르게 되었다. 조금씩 속도를 내며 추월하고 싶어도, 앞에서 오는 차들로 앞지르기는 생각도 할 수 없다. 버스 뒤를 바짝 붙어 가지 않으려고 속도를 늦추며 감속 운전을 했다. 앞서려는 차를 위해 차바퀴는 눈을 모아놓은 위를 조금씩 밟으며 서행하다 보니 관광버스와 멀어지면서 뒤꽁무니에서 떨어지게 되었다. 시야가 확 트이면서 앞과 옆은 장애물 없이 눈 덮인 수림과 가축 방목지를 시원히 보면서 가게 됐다.

어승생 수원지를 넘어서자, 도로 양쪽에는 하얀 백설로 장관을 이루고 있다. 그 덕분에 눈 쌓인 풍경을 천천히 가면서 보게 되었다. 도로 옆 눈이 비료 포대 위에 앉아서 스케이트 타듯이 동산을 내려가 봤으면 좋겠다.

하얀 풍경으로 어린 시절 추억이 떠오르는 것이었다. 시린 손을 입으로 호호 불면서 눈싸움하던 시절이 생각났다. 마당에서 눈사람을 만들다, 싫증 나면 눈을 그릇에 수북이 담아 화롯불에 녹여 물을 만들어 먹기도 하였었다. 어디 그뿐인가? 눈이 쌓여 꿩들이 먹이를 찾으려고 밭으로 내려오면 꿩 발자국을 따라다니면서 잡기 위해 현란이 되기도 했었다. 비록 꿩은 잡지 못하였지만⋯.

나무가 우거진 양쪽 길 옆으로 눈이 하얗게 쌓여있어 꼬리를 무는 차들로 교통체증이 오래 지속되었으면 했다. 설산을 이루고 있어 한자리에서 오랫동안 볼 수 있어서이다. 폭설이 덮인 위로는 적송이 보였다. 나도 모르게 워~워 감탄사가 절로 나는 것이다. 적송은 쌓인 눈과 아랑곳없이 이파리가 새파랗다.

나무가 우거진 위로 보이는 새 파란 하늘이 잠자리가 날아오를 듯이 높으며 맑다. 눈이 나뭇가지에 매달려 번쩍거리며 영롱하게 빛나고 있다. 콩알만한 눈송이 광채가 어떠한 보석과 비교될 수 없이 아름답다. 나뭇가지에 붙어 있던 눈이 녹으면서 물기가 햇빛에 반사되어 나오는 현상으로 해가 뜨거워지면 영롱한 빛은 사라져 버린다.

무단 주차와 크고 작은 사고나 나뒹구는 차도 보이지 않았다. 도로는 순조로운 통행으로 상쾌하다. 백설기처럼 된 눈 위로 차들이 서행으로 시민 의식이 높아 보였다.

어리목 입구에 오자 많은 눈으로 한라산 등산을 통제하면서 도로에 잠시 세워 놓은 자동차를 빨리 빼달라고 안전요원이 유도하고 있었다. 그 덕분에 통행이 순조롭게 했다. 멀리 보이는 산등성이마다 나무로 우거진 숲에는 눈이 하얀 성에가 낀 것처럼 보였다.

어리목을 지나자, 차들을 옆에 세워 놓고 관광객들이 기념 촬영하고 있다. 눈 쌓인 한라산을 곁에서 본 것이 얼마만인가 가물가물하다. 차에서 내리고 사진 찍기 시작했다. 백록담을 그대로 찍었을 때는 하얗게 덮혀있는 눈위에 솟아있는 백록담이 하얀 호수 위에 떠 있는 듯했다. 디카로 사진을 클로즈업하며 찍었더니 백록담 봉오리가 선명하다. 하얀 눈이 흰 머리카락과 흰 수염이 돋아난 모습이다. 보는 사람의 시선과 각도에 따라 변화하는 한라산이 신기하게 했다.

눈 쌓인 모습을 놓치지 않으려고 차를 타고 가면서도 디카 동영상으로 찍다 보니 성판악 휴게소까지 오게 되었다. 휴게소 넓은 주차장과 도로에는 자동차와 인파로 인산인해를 이루고 있다. 사람들이 설산에서 시린 겨울은 생각할 수 없다. 눈을 하늘 위로 뿌리고 눈밭을 뒤로 누워서 뒹구는 모습이 곰이 재주를 부리는 것 같다.

제주시 노형에서 성판악까지 오면서 눈 쌓인 모습을 디카로 찍은 것을 양구에서 명절 쇠러 온 며느리와 아들에게 카톡으로 보냈다. 잠시 후 휴대전화에서 카톡하는 소리가 들려 열어보았다. 제주도는 눈이 좋다고 하였다. 육지는 눈이 많이 와서 재해나 교통사고로 차가 지체되어 불편하다고 답장이 왔다.

　폭설은 스키장같은 관광자원이나 재해도 될 수 있다. 눈은 병충해를 없애며 농사가 잘 되어 농부에게 풍요롭게 해 준다. 하늘에서 뿌려지는 눈을 좋은 쪽으로만 생각하기로 하였다. 순백의 아름다움은 자연과 동화되어 동심에 젖어들게 하고 있다.

Episode

어울림

걷는 의미
슐런 연습
슐런 어울림대회
오뚝이처럼 쫑긋이
장애인 그룹 스터디, 지금 지역사회는?
척수장애인 어울림 한마당 대회
처음부터 타고나지 않는다
현관 자물쇠

모든 일에는
처음부터 타고난 것이 아니다.

|

소질이 있어도 노력하지 않으면
있었던 재능도 없어진다고 한다.
하는 일이 불가능해 보여도 최선을 다하다 보면
자신감을 찾게 될 것이다.

 # 걷는 의미

오래전부터 걷는 것이 둘째라면 서러울 정도였다. 밖으로 나가고 싶어 밖을 보았다. 청명한 날씨에 꽃잎과 햇빛이 눈부시게 쏟아져 걷고 싶다. 사람들이 손을 잡거나 팔짱을 끼고 걸어가고 있다. 따뜻하고 상쾌한 봄날 방안에 혼자 있으면 서운해질 것 같다. 목마른 사람이 우물을 판다는 얘기처럼, '어디로 갈까! 공원을 산책할까!' 생각하다 공연 안내를 볼 겸 문예회관 근처로 가보기로 했다. 약방의 감초처럼 텀블러에 블랙커피를 타고 외출복으로 갈아입고, 현관에 있는 전동장치를 타고 밖으로 나왔다.

혹시 걷다 보면 샐리의 법칙처럼 생각도 못 했었던 공연 관람권을 받거나, 지인을 만나 맛있는 저녁을 함께 먹을지 모를 일이다. 밖에 나왔더니 태양광선이 내리쬐도 뜨겁기는커녕 따뜻한 햇살이다. 햇살이 몸 전체로 퍼지며 활기가 돌았다.

그래도 비타민D 부족으로 병원에서 비타민 처방을 받고 있다.

목적지가 정해져 있지 않지만, 전농로 벚꽃 구경을 가든지, 아니면 공원이나 동부두 방파제로 가서 바닷바람을 쐬든지, 오라는 곳은 없어도 갈 곳은 많다. 나온 김에 벚꽃을 보기 위해 동부경찰서 후문 뒤로 걸었다. 동네에서 벚꽃이 보고 싶었다. 동광로 ○○국수집 앞에 있는 횡단보도를 건너 경찰서 뒷길에 들어섰더니 벚꽃이 활짝 피어 있었다. 벚꽃 색깔이 옷에 밸 것같이 진하다.

흐드러지게 핀 벚꽃이 우울했던 마음을 환호로 바꾸어 주었다. 밖에 잘 나왔다는 기쁨과 설렘이 교차했다. 걷는 것은 직립보행으로 두 발로 걷는 것을 말하지만, 이제는 시대가 변하면서 자전거, 오토바이, 자동차에 탑승하고 다니게 된다. 전동바이크를 타고 걷듯이 나왔다.

걷는 것에 익숙해서인지 이제는 무브온 같은 전동바이크를 타고 식당에서 밥을 먹기 위해 상가에서 옷을 사기 위해서, 사람을 만나기 위해 걷는다. 보조공학을 이용해 계속 밖으로 나다니다 보니 걷는 것이 신기하게 여겨졌다. 연휴나 연말에 걷다 보면 상가에서 들리는 크리스마스 캐럴, 레코드 가게에서 경쾌하고 감미로운 음악 소리에 귀를 기울이게 된다. 걷는 자체만으로도 낭만으로 감성에 젖어 들게 한다.

걷는 게 나에게는 보약이다. 허전할 때는 집 밖을 나와 정처 없이 걷고 싶을 때가 있다. 편의점이나 카페에 들러 차를 마시면서 음악을 감상하든지 공원에 조용히 앉아 있기도 한다. 걷다 보면 사람들 사이에 끼면서 랑데부로 원 플러스가 되기도 했다.

비장애인 시절 별도봉이 집 근처라 일을 마치고 별도봉을 오르고 내려오면 개운하면서 잠도 잘 왔다. 걷는 것에는 날씨가 필요 없다. 비가 내리면 우산을 쓰고, 눈이 펑펑 쏟아지면 두툼한 잠바를 입고 걷는다. 걸으면서 하늘을 쳐다보면 나의 마음이 한없이 넓어졌다.

휠체어를 타고 있어도 비가 오면 공원 안에서 걷게 된다. 전동바이크로 우산을 준비하고 걷다보면 마음이 넓게 퍼지게 한다. 목적지인 좁은 정자 안이나 나무 밑에서 우산을 쓰고 있으면 빗소리가 발라드 노래처럼 감미롭다. 그래서인지 우중雨中을 좋아하는 편이다.

날씨가 흐리다고 침대에 누워있으면 더 피곤하다. 꼼지락하기 싫어 움직이지 않으면 허송세월이다. 낭만을 즐기듯이 밖에 나와 걷다 보면 직립보행을 할 수 없어도 발로 땅을 밟은 느낌이다. 걷다 보면 도로에서 만족을 얻게 된다.

 ## 슐런 연습

　남들이 운동하는 것을 보면 부러웠다. 심한 장애로 체형에 맞는 운동을 찾던 중, 탐라장애인종합복지관에서 슐런 운동을 하게 되었다. 슐런을 처음 접하게 된 것은, 십여 년 전 전국척수장애인협회 한마음체육대회에서 퍽도 잡을 줄 모르는 상황에서 생소한 슐런 경기를 하게 되었다. 손바닥을 바닥에 펴고 손바닥 끝으로 밀면서 경기를 하였다. 경기할 때면 재미있고, 경기를 끝내면 아쉬움이 남아 오랫동안 머릿속에 맴돌았었다.
　슐런은 네덜란드 전통 스포츠로 생소한 운동이었다. 우리나라 윷놀이와 비슷하며 막판에 남은 퍽[1] 하나로 역전시킬 수 있는 경기다.
　제주 탐라장애인종합복지관 직원이 육지에서 체육 워크숍에 참석하고 슐런지도자 양성 교육

---
1) 지름5cm, 두께 0.5cm로 나무토막으로 만든 원반

을 받게 되었다. 체육지도자 양성교육을 받아 복지관 이용자들이 복지관 3층 체육실에서 슐런 운동을 하게 되었다. 몇 주지나 2020년 11월 11일 슐런을 사랑하는 사람이란 슬로건으로 회원들이 탐라장애인종합복지관 소속, 탐라슐런클럽을 창단하면서 제1대 탐라슐런클럽 회장을 맡았다. 도내에서는 탐라장애인종합복지관이 명실상부한 슐런 발원지가 되었다. 전국적으로 슐런 인구가 증가하면서 전국장애인체육대회 정식종목으로 등록되었다.

슐런 도구인 슐박은 나무로 만든 상자처럼 된 길이 2m, 폭이 40cm이다. 양옆과 뒤로는 5cm 높이 칸막이가 설치되어 웬만해선 퍽이 바닥으로 떨어지지 않게 되었다. 상자 끝으로 4개의 관문함은 1점부터 4의 점수 표시가 있는 통이다. 퍽이 들어가는 점수 배열은 2, 3, 4, 1번을 골고루 하나씩 들어가면 20점이란 점수가 주어진다. 경기 도중 푸쉬[2]하는 퍽이 옆으로 튕겨져 나가거나 공중으로 뿅~ 뜨면서 관문 안으로 들어가면 실격과 슐박 밖으로 이탈된 퍽과 같이 다시 쓸 수 없게 된다. 점수를 내기 위해 퍽을 밀어 넣을 때 벽에 부딪히게 하며 관문 안에 들어가게 만드는 것도 하나의 방법이다.

처음 시작할 때 손과 팔에 힘을 세게 주고, 허리를 잔뜩 굽히고 꾸준히 연습했지만 점수는 몇 점 안 나왔다. 명색이 회장이

---

[2] 관문 안으로 밀어 넣는 것

라, 포기를 할 수 없어 하루하루 방법을 찾으며 연습해야 했다.

 동료들과 슐런을 하면서 나도 모르게 '집중해라! 바른 자세로 연습해라'라며 훈련 교관처럼 잔소리하다보니 꼰대가 된 것 같기도 했다. 경기하면서 높은 점수가 나오면 칭찬과 손뼉 쳐주면서 흥미를 갖게 했다. 슐런을 하다보니 팔과 손가락이 쉽게 펴지면서 침대서나 차에서 휠체어를 오르내리는 트랜스포로 손가락에 쥐가 나지 않게 되었다.

 슐런은 인내심을 시험해 보는 느낌이 들 때가 있다. 집중하고 퍽을 밀어 넣어도 여지없이 관문을 피하며 옆이나 슐박 밖으로 튕겨져 버린다. 어제보다 나은 점수를 내기 위해 30개의 퍽을 세 번 푸쉬 해도 70점도 되지 않으면 내일은 잘해야겠다는 각오를 다지며 운동을 하다 보니 많은 회원이 불어나면서 활성화가 되기 시작했다.

 처음엔 점수를 내기 위해 있는 온 힘으로 푸쉬 해도 퍽이 슐박 절반까지도 밀지 못했었다. 팔이 굳어 있기 때문이었다. 30개 퍽으로 꾸준히 연습 하다 보니 요령이 생기는 것이었다. 퍽이 관문 안으로 1~2개 담지 못해 눈앞에서 110점을 치지 못했다. 경기 진행 방법을 바꿔 보기로 했다. 네덜란드의 축산업은 말 그대로 가축을 기르면서 생활하는 것에 착안해서, 원하는 관문을 향해 퍽을 밀기보다는 앞에 보이는 퍽을 톡 톡 맞춰보기로 했다. 나의 기대 점수인 130점 이상 나올 것 같은 기대가 되면서 더 열심히 하게 됐다. 소와 양 같은 가축을 몰면서 뒤처진 무리가 함께 가도록 하는 원리이다. 가까이 있는 퍽을 바둑판에서 알까기 하듯이 관문 안으로 칠 때면 서로가 부딪치며 들어가면서 예상외로 백 점 이상이 자주 나오며 229점도 되었다.

점수가 안 나오는 날에는 섭섭하지만, '내일은 잘 될거야'라는 믿음을 가졌다. 잘되는 날에는 운세가 좋은 듯이 자신감이 넘쳐났다. 슐런경기에서 조급한 마음보다는 힘을 빼고 정신을 집중하고 퍽을 밀어 놓는 것이 일반적이다. 바쁠 게 없이 천천히 쉬어가듯이 편안한 마음으로 슐런을 하다 보니 조급한 마음이 점차 사라져갔다.

탐라클럽창단 시기에는 30개 퍽을 가지고 개인전과 단체전을 많이 했었다. 요즘은 개인 경기에서 열 개, 이십 개 퍽을 가지고 슐런경기를 진행하는 편이다. 진화 과정이 운동이나 생활환경이나 비슷해 보인다. 모든 일이 그러하듯이, 상황과 흐름에 맞추면서 수긍하는 것이 질서인 것 같다.

 ## 슐런 어울림대회

입동이 지났지만 슐런 동아리 활동으로 푸르름이 더해진다. 오늘은 고대하던 슐런대회가 열리는 날이다. 슐런 경기장에 가기 위해 밖으로 나왔더니, 이미 겨울로 접어들었지만 마당과 길가의 나뭇잎은 여전히 푸르름을 유지하고, 노란색과 하얀색의 국화는 시들지 않고 퍽 모양으로 활짝 피어있다. 국화 잎의 파란 광채가 마음을 한결 여유롭게 했다.

슐런 대회를 하기 위해 체육실로 왔더니 뿌듯하면서 설렜다. 애착이 많기에 기대도 큰 것 같다. 과연 사람들이 얼마나 나왔을까! 요즘 슐런이 대세라고는 하지만 대중적 인기를 크게 얻지는 못한 것 같아서 경기장에 사람이 얼마나 모일지 궁금했다. 예상외로 경기장에는 봉사자와 선수들로 가득 차 있어서 반가운 마음이 앞섰다.

슐런을 처음 시작할 때 힘들지 않아 운동 효

과가 있는지 의문을 품게 했다. 슐런을 하다보니 팔과 어깨 운동이 되는 것이었다. 슐런을 하다 보니 스릴과 재미가 있어 운동하는 요일이 기다려지게 했다. 슐런 연습하는 동안 관문 앞을 가로 막고 있는 퍽의 도움을 받고 점수를 내야 할지, 아니면 퍽을 옆으로 쳐내고 원하는 관문 안으로 새로운 퍽으로 밀어 넣어야 할지 고민이 되었다.

슐런 경기는 나무로 된 슐런보드에서 한다. 슐박sjoelbak 또는 슐런보드라 한다. 실내외 크고 좁은 공간 구분 없이 어디서나 할 수 있다. 조정력과 집중력을 높여주며 치매 예방에 도움이 된다.

탐라장애인종합복지관 체육실 경기장 중앙 벽 상단에 제1회 제주시장애인슐런협회 어울림대회 글씨가 흰색 바탕에 푸른색으로 쓰여 있다. 경기 할 전자슐런보드가 나란히 놓여 있다. 점수는 숫자가 자동으로 나오는 디지털 방식으로 계산이 된다.

선수들 틈에서 줄을 서서 차례로 서명하고 명찰을 받았다. 조천만세동산이란 단체명과 경기할 순번이 적혀 있다. 탐라클럽 분기대회를 합쳐 여러 번 대회 출전하면서 이번 대회에 대비 많은 연습을 해 왔다. 슐런의 특징은 장애유형에 구분 없이 중증장애인도 손쉽게 할 수 있는 운동이다.

탐라장애인종합복지관 3층 체육살에서 제주시장애인슐런협회장이 주최하는 슐런 대회다. 새마을금고이사장이신 양성익

님이 2022년 8월 18일 제주시장애인슐런협회를 창립하시고, 오늘이 비로소 슐런 어울림대회를 12월 10일 토요일에 상징성 있는 첫 경기를 열게 되었다.

　100여 명의 선수와 봉사자들이 자리를 가득 메운 자리에서, 제주시장애인슐런협회 양성익 회장님은 개회사를 통해 '사회공동체, 즉, 장애인, 비장애인의 화합과 동시에 차별 없는 사회를 조성하는 뜻에서 제주시장애인슐런협회장배 명칭보다는, 어울림 대회 이름으로 정하고 경기하게 되었습니다'라고 하였다. 양회장님은 또 어울림 대회 개회사로 장애인 인식개선에 일조하며 지역사회의 단결과 향상된 스포츠 생활화에 밑거름이 될 것을 의심하지 않는다고 하였다.

　개회식 막바지에 사회자는 탐라슐런클럽회장을 호명하며 한 말씀 하라는 것이다. 생각도 못 했는데, 훅! 들어와서 당황했지만 망설이지 않고 연단 앞으로 나섰다. 선수와 내외귀빈에게 정중하게 인사를 했다. 마이크를 움켜잡고, 슐런을 좋아하는 사람들이 열정과 관심이 있었기에 경기를 열리게 되어 관중과 선수들에게 감사하다고 밝히고, 제주시장애인슐런협회장배 경기를 디딤돌로 더욱 발전할 수 있도록 선수와 내외귀빈 여러분이 앞으로 더 많은 성원과 관심을 가져달라고 호소하였다.

　경기를 하면서 환호성과 박수갈채 속에서 실내 체육실이 후끈 달아올랐다. 각자의 팀을 응원하는 목소리와 아쉬운 탄식 속에 슐런 대회는 성황리에 끝났다.

경기가 종료되자 회심의 미소를 짓는 이와 작전 미스로 다 이긴 경기를 놓쳤다고 푸념하는 선수도 보였다. 경기 결과가 발표되자 상위권에서 예상외로 동점이 많이 나왔다.

동점 선수 전원은 다섯 개의 퍽을 갖고 1쿼터로 순위를 가려야 했다. 동점으로 등수를 정하는 연장 경기에 들어가자 '천 리 길도 한걸음부터'라는 마음으로 시작했지만 퍽이 1점 홈에 절반 걸쳐졌다. 욕심을 부리지 않고 아쉬운 대로 1점을 놓치지 않았다. 경기하는 내내 곁에서 보면서 아슬아슬하면서 안타까운 마음이 들었다. 개인경기는 등수에서 밀려났지만, 단체전 경기에서 조천만세동산이 1점 차로 운이 좋게 2등을 차지하면서 상장과 상금을 받게 되었다.

등수에 든 선수들이 수상을 마치자, 자원봉사자와 선수에게 고맙게 여겨졌다. 회원과 선수들의 열정이 혼연일체되어 노력해준 덕분에 어울림 대회란 결실을 보게 되었다. 노력하는 사람은 하늘도 말릴 재간이 없는 속담이 생각나게 하는 제주시장애인협회장배 슐런 대회였다. 경기하는 내내 몸과 마음은 청춘이었다.

 ## 오뚝이처럼 쫑긋이

올해도 어느 해와 마찬가지로 매주 수요일 오후 마다 볼링교실에 참석하게 되었다. 볼링교실에서 볼링을 치다보면 맘 따로 손 따로 놀게 된다. 볼링을 잘 치기 위해서는 기본자세가 중요하다. 체형에 맞는 자세를 숙지하기 위해 집에서 가벼운 두루마리 화장지나 페트병에 물을 담고 볼링을 잘 치려고 시계추처럼 팔을 왔다 갔다 연습하게 된다. 그러면 많은 도움이 되기 때문이다.

볼링을 처음 시작 할 때엔 수박만한 무게도 오른손으로 들 수도 없었다. 팔힘이 없어서 6파운드 볼링공을 들게 되었다. 자연적으로 재활이 되어서인지 시일이 흐르면서 이제는 10파운드 공도 거뜬히 들게 되었다. 공의 무게를 이기면서 여유가 생기면서 스트라이크나 아홉 핀을 쓰러뜨리면 통쾌하게 하였다.

아마추어가 프로를 이기기도 하는 것이 볼링

이다. 볼링을 치다보면 금수저, 흙수저 장벽이 없다. 볼링에서 잘 치면 격의없이 칭찬 해주고, 못 치면 잘못된 부분을 설명하며 위로 해준다. 장애를 입고 볼링을 치기 시작하면서 다섯 게임에서 에버리지 100을 조금 넘는다. 동료들은 어베가 150~170점을 왔다갔다 하는 편이다. 어깨 동작이 잘되고 기분 전환이 좋으면 날씨가 화창한 것처럼 120~140도 치게 된다. 요즘은 실력이 늘어서인지 에버리지 110도 될 수 있어 볼링에 매력이 느껴지게 했다. 또한 레인 바닥에 3미터 앞 작은 화살표를 스포트라 부른다. 스포트를 기준삼아 공을 굴리기 전에 정신을 집중해야 한다. 그래서인지 실생활에도 차분을 유지하려 한다.

볼링경기 도중 상대편 선수의 볼링공이 움푹 패인 곳으로 빠져도 야유를 보내거나 소리쳐서는 안 된다. 그럴 때면 레인에 빨리 적응했으면 하는 바람이 든다. 잘 치면 서로 손바닥을 부딪쳐주며 칭찬과 격려를 아끼지 않는 게 볼링이 특성이다. 상대방의 취약한 신체적 약점이나 몸을 서로 부딪치며 격렬하게 접촉하는 운동이 아니라 멘탈싸움이다.

온갖 잡념을 없애고 정신을 집중시키는 볼링이 불면증이나 치매예방 같은 정신건강에 도움이 된다. 볼링동아리 활동으로 오뚝이처럼 쫑긋이 앉은 자세로 볼링을 치다 보니 허리와 팔에 근력이 생기면서 좋았다.

엉덩이에 상처가 나도록 볼링을 치다 보니 병원에서는 운동을 쉬고 누워서 안정을 취하라고 하였다. 본의 아니게 볼링을 그만두고, '산 입에 거미줄 치랴'하는 속담처럼 체형에 맞는 운동을 찾으려고 노력했다. 사격도 도 대표로 전국대회에 3년 이상 출전해 봤다. 운동은 나에게 보상과 같은 존재다. 재활, 소통과 팔힘까지 좋게 해주어 동네에서 수동휠체어를 밀며 다닐 수 있게 해주었다. 러시아의 속담처럼 '세상엔 공짜란 없다'란 말이 어렴풋이 떠오르곤 하였다. 노력 없이는 아무것도 얻을 게 없다는 얘기 같다.

장애인 그룹 스터디,
지금 지역사회는?

 이제와 돌이켜 생각해보면 직장 생활 해본 지도 얼마 만인지 까마득하다. 십여 년 전 회사에서 일을 하다 사고가 난 후 다시 직장을 갖는 일은 엄두도 낼 수 없었다. 중소기업체에서 아스콘 생산 전문직 오프레타로 근무를 하다 보니 비장애인 시절도 사무직과는 거리가 멀었다. 산업현장에서 불의의 사고로 척수장애를 입고 신체구조가 변화되면서 육체노동은 할 수 없다. 그래서 적성에 맞는 일을 찾고 싶어도 찾을 수 없었다. 고민 끝에 길거리에서 노점을 차려 놓아 장사를 하고 싶어도 체력이 받쳐주지 않아 할 수 없었다.
 의욕이 왕성한 40대에 하는 일이라곤 온종일 텔레비전 앞에 앉아있는 것이 전부였다. 그것도 하루 이틀이지 시간이 지날수록 지겹기만 하였다. 하루생활이 점점 답답하면서 나 자신을 잊어버리는 것 같았다. '타임머신을 타고 과거로 돌아갈 수만 있다면 새로운 출발로 인생을 폼 나게 살걸' 하는 허황된 생각을 하기도 했다.

그러던 어느 장애인 그룹 스터디를 알게 되어 참여하게 되었다. 2017년 장애인 그룹 스터디 첫날 장애인자립센터 강당에 갔더니 나무로 압축된 넓고 긴 탁자가 놓여 있었다. 탁자 위에는 음료수, 볼펜, A4용지 여러 장이 차례로 놓여 있었다. 강당에 들어오는 순서대로 앉게 되었다.

장애인 그룹 스터디 내용은 지역사회 문제점을 살펴보고 그 중 텔레비전이나 신문에 기사화된 내용이나 우리에게 필요한 정보가 있으면 수기로 쓰고 발표하는 취지다. 첫날은 위 내용처럼 오리엔테이션 형식으로 계획을 짜고 의견을 말하면서 장애인 그룹 스터디를 마치게 되었다.

둘째 날은 모니터링처럼 각자 조사해 온 내용을 장애인 그룹 스터디에서 발표하게 됐다. 나는 신문과 컴퓨터로 조사해 놓은 대로 망설임 없이 발표를 시작했다. 조사한 내용을 요약한다면. 2017. 2. 16일 제주도 읍면동 종합평가 개선에 대한 문제 해결책에 대한 것이다. 읍면동 합병평가를 대폭 개선함으로써 주요시책 추진 및 제주 현안문제를 일선 행정기관에서 잘 실천할 수 있는 점과 방안을 얘기했다. 도에서 추진하려는 평가대상 업무를 작년 12개에서 8개로 축소함으로써 많은 인력과 행정력 낭비를 개선하고 읍면동 간 주민복지 및 도민 불편사항의 빠른 해결에 집중하게 될 거란 내용을 반박했다.

내 생각을 말하자면 평가대상 업무 축소로 인해 행정낭비와 경비 지출을 줄일 수 있다는 있다는 이점도 있지만 그 때문에 행정구역이 광범위해져서 독거노인이나 전신와상 장애인처럼 누구의 도움 없이 움직일 수 없는 중증장애인 같은 소외계층이 누락 될 수 있을 것 같다는 게 요지였다. 일선행정과 소통하고 주민에게 좀 더 다가가는 시스템이 될 거란 목적이 잘못될 수 있다고 하였다.

나의 발표가 끝나자 스터디 그룹원들은 서로의 의견으로 설전이 펼쳐지면서 진지한 토론이 이어지기 시작했다. 근로기준법에 명시된 한 달 최저임금을 받게 만들어 장애 정도에 따라 주차관리, 환경정리, 동료상담 등 적성에 맞는 직종을 나누어 일을 하게 됐으면 하는 얘기도 나왔다.

활동가들이 조사한 내용을 살짝 읽어보았더니 생활에 필요한 여러 상식들로 알차게 보였다. '나른하게 잠이 쏟아지는 봄철 춘곤증 예방 방법.' 같은 건강 상식이나 '중국대사관 홈피 짜깁기한 허위 귀국 공고문 퍼져', '재한 중국인은 귀국해라'와 같은 사드문제로 불쾌해진 중국의 경제보복과 관련된 기사나 제주의 관문인 제주국제공항의 허와 실 중, 공항 대합실 내 외국인이 버리고 간 쓰레기 문제, 중국서 호화 여객선이 항구로 들어오고 쓰레기만 잔뜩 버리고 제주항을 떠나는 대처방안 기사 등 다양한 주제가 조사돼 있었다. 또한 사건 사고 중, '지적장애 딸 밀쳐 숨지게 한 의붓어머니 10시간 방치한 뒤

술까지 마신 이야기 등 장애인단체 이슈를 다룬 활동가도 있었는데 이 기사와 관련해서 울화가 치밀어도 천천히 주제 발표를 들었다. ○○공항 화장실에 전체를 보이게 칸막이를 유리로 만들어 놓았다. 장애인이 생리현상을 해결하는 곳에서 누구나 볼 수 있어 황당한 화장실 내용으로 장애인 감수성이 없는 화장실 구조였다.

장애인 그룹 스터디에서 육지 모 자치단체 장애인테니스장에는 장애인용 화장실이 없어 250m 떨어진 종합경기장 내 장애인용 화장실을 이용해야 된다는 기사를 그룹에게 듣게 되었을 때 한심하다는 생각이 들었다.

토론회에서 환경조성을 위한 도로, 편의시설 접근성을 좋게 하는 장애인유니버설디자인은 누구에게 의존하지 않고 우리 스스로 목소리 높여 해결해야 된다는 사실을 장애인 그룹스터디를 통해 확인했고, 개선점을 발표해야 하는 대상이 지금의 지역사회라는 우리의 현실이 우울하게 하였다.

장애인 그룹스터디 일환으로 호텔, 관공서, 상가, 편의점 등의 보행 환경과 접근성이 좋은지 모니터링 하면서 장애인활동가가 되는 계기가 되었다.

척수장애인
어울림 한마당 대회

　척수장애인 어울림 한마당 생활체육대회에 참석하기 위해 식전에 공항으로 출발했다.

　일행이 모두 도착하자 항공사 직원과 함께 인원 파악하고 기내로 탑승 하였다. 기내 좌석에 앉아 첫 경기에서 1승을 해야 한다는 이런저런 얘기를 나누다 보니 어느새 비행기는 김포공항에 착륙하고 비행기에서 내려 2번 게이트로 나오자, 리프트 달린 대형버스가 기다리고 있었다.

　비행기 시간으로 지체되어 서둘러 버스 안으로 올라타고 수원실내체육관으로 출발했다. 김포공항에서 부천 소사동을 거쳐 행사장에 도착하였더니 넓은 공터에는 벌집처럼 야외용 천막이 세워져 있다. 행사장을 보자 대회에 참여한 것이 실감났다. 주차장과 도로는 혼잡하여 경사진 곳에 차를 세웠다. 뒷좌석에 앉아 있어 늦게 내리게 됐다. 버스에서 먼저 내린 일행이 나의 휠체어를 찾아 주려고 해도 보이지 않았다. 내게 있어서 휠체어는 분신과 같은 존재로 없으면 꼼짝달싹 할 수 없다. 함께 온 봉사자들이 이리저리 살피더니 비탈진 끝에서 휠체어를 찾게 되었다. 휠체어를 차에서 내리고 브레이크 역할을 하는 안전장치가 풀리면서 밑으로 굴러버린 것이었다.

제주에서 싣고 온 운동기구를 화물차에서 내리고 있는데 행사장 관계자가 다가와서 지금부터 점심을 드시고 14:00분에 개회식이 진행될 거라고 하는 것이었다. 차에서 내린 짐을 보관하고 점심 먹기로 했다. 근데 봄 날씨 닮지 않게 추워서 밖에 서 있기가 쉽지 않았다. 모두 점심을 먹고 나면 괜찮아질 거란 말에 마음이 놓였다. 점심을 먹어도 좀처럼 추위가 풀리지 않아 체육관 안으로 들어가야만 했다. 체육관 안에 들어와도 추워서 통증과 함께 수전증처럼 몸이 덜덜 떨리기 시작하는 것이었다. 보다 못한 아내는 수원에 사는 사위에게 전화로 윗옷을 가지고 오라고 했는지. 사위가 와서는 두터운 점퍼를 나에게 건네주면서 빙색이 웃는 것이었다. 작업복이라고 하면서 가져온 점퍼 앞면에는 한국승강기안전공단이라는 회사명이 적혀있었다. 생각지도 못했는데 점퍼를 입었더니 그제야 추위에서 벗어날 수 있었다.

제주도에서 수원으로 출발하기 전 기온은 13도로 날씨가 미쳤다고 할 정도로 따뜻했다. 하지만 육지는 제주도와 정반대로 4월인네도 기온이 7.3도로 함박눈이 펑펑 쏟아지는 것이었다.

체육관 안에서 개회식이 빨리 시작되기를 학수고대하고 있는데 제주특별자치도 척수협회 사무장이 핸드사이클에 참석해 달라고 나에게 부탁하는 것이었다. 핸드사이클 경기 규정에 휠체어를 탄 장애인 2명과 비장애인 1명이 필요하다는 것이었다. 선수가 없는 관계로 뜻밖의 출전을 하게 되었다. 원래는 내일 시범경기로 생소한 슐런경기 선수로 등록된 상태였다.

개회식이 끝나자 곧바로 수원 축구경기장으로 장소를 옮겨 핸드사이클 경기에 참가하려는데 찬바람으로 얼굴과 손이 시려 휠체어도 만질 수 없었다. 제주특별자치도 경기 순서가 되기 전에 옆 트랙을 돌아보기로 했다.

핸들을 잡고 손으로 돌리자 거센 바람으로 팔돌리기가 쉽지 않았다. 휠체어에 앉아 구부정한 자세로 앞으로 나갔다. 옆에서 구경하던 사람들이 "팔 힘이 저렇게 약해서야" 속삭이는 것이었다. 못 들은 척하고 이를 악물고 손 사이클 손잡이를 돌렸다.

연습 삼아 트랙을 왔다 갔다 하고 있는데 경기진행요원이 빨리 출발 지점으로 모이라고 손짓하는 것이었다.

각 도道마다 세 사람으로 구성되어 따로따로 함께 도는 경기였다. 시간을 합산해서 빠른 팀이 이기게 된다. 4조 배정 받고 셋이 함께 줄을 서고 출발을 알리는 흰색 깃발이 바닥으로 내려가기 무섭게 손으로 페달을 돌리며 결승점에 2등으로 들어

오게 되었다. 실은 오래전부터 휠체어로 누비는 제주 올레길에 수동휠체어를 타고 다녀서 올레길 효과를 조금 보게 되었다.

오후 들어 모든 경기가 끝나고 시상식 및 폐회식에서 생활체육경기 5종목 중에서 내가 참가한 핸드사이클은 기록경기 순위 밖으로 밀리고 말았다. 그래도 처음으로 슐런선수로 경기를 하면서 입상은 못해도 중위권에 머물렀다. 그나마 우리 팀이 출전했던 론볼과 배드민턴이 3등을 차지했다.

한마당 어울림 대회에서 출전한 경기에서 구조상 나의 몸에 맞지 않는 종목이지만, 새로운 경험으로 자신감을 충전할 수 있었다. 육지에서 척수장애인 어울림 한마당 대회를 마치고 제주공항에 내리자 저녁을 먹고 헤어지기로 했다.

저녁으로 숯불에 달구운 돼지갈비를 뜯었다. 자원봉사자와 회원들의 저녁 회식을 계기로 매년마다 척수장애인 어울림 한마당 대회를 마치면 푸짐한 저녁 회식을 선수들과 하게 되었다.

처음부터
타고나지 않는다

    17년 전 추석을 3일 앞두고 도로공사를 끝내기 위해 제품생산에 눈코 뜰 새 없이 열을 올려야만 했다. 그래야 도로포장이 잘되어서 한가위 귀성길에 쾌적하고 아름다운 도로에 애향심이 느껴질 수 있도록 부랴부랴 아스콘생산에 전념하고 있었다. 하지만 성급하게 서두르며 생산하다보니 기계가 고장났고, 수리하다가 2m 높이에서 땅바닥에 떨어져 척수손상으로 하지마비가 되고 말았다.

    중도장애를 당한 후 좋아하던 낚시와 오름 등반을 할 수 없어 실의에 빠지게 됐다. 세상이 초라하면서 억울하다는 생각이 들었다. 장애를 입고 몇 날 며칠을 침대에 누워 있으면 초라한 생각이 들었다. 매일같이 타성에 젖어있을 수 없어 적성에 맞는 것을 찾아야 했다.

    동료상담을 받고 곰솔회에 가입해 보라는 것

이었다. 안그래도 여행이나 운동을 하고 싶었는데 고민할 필요 없이 척수장애인으로 이루어진 자조모임 곰솔회와 동아리 활동으로 글을 사랑하는 모임까지 가입했다. 또 볼링을 치면서 지체장애에 서서히 적응하고, 장애를 받아들이는 계기가 되었다.

모임을 위해 수동휠체어를 타고 밖으로 나오는 그것만으로도 기쁘면서 운동이 되는 느낌이 들었다. 자조모임 동아리 글사랑 모임에서는 가입후 강의 과제로 습작하기 시작했다. 수필을 쓰려면 여행을 많이 다니면서 관광, 소설, 수필, 꽃 전문 서적도 많이 읽어야 했다. 이왕에 활동하려면 아마추어로 남기보다 프로가 되자고 마음먹고 열심히 했다.

장애인종합복지관에서 이를 악물고 글쓰는 법을 배우다 보니 꿈에 그리던 단행본으로 수필집 세 권과 장편소설 한 권을 집필하게 되었다. 창작 활동과 두루두루 여행을 다니면서 미처 생각도 못 했던 내용을 상식처럼 알게 되었다. 글을 쓰려면 많이 읽고, 쓰고, 생각하는 것도 있지만, 여행도 필수이다.

처음 문학강의를 들으면서 맞춤법과 철자 띄어쓰기나, 어휘語彙에 필요한 한계를 이겨내지 못해 글쓰기를 포기하려고 하였다. 타임푸어의 뜻을 보게 되면 일에 쫓겨 정작 자신을 위한 여가와 취미를 즐기지 못하는 것을 말하는데 그렇게 살고 싶지 않았다. 글 쓰는 취미로 도내 곳곳과 전국 지방을 여행하면서 글감이 모이게 되었다. 지금 생각해 보면 나 자신이 용기있게 보인다. 시사 방송이나 명사들의 토론회에 출연한 사람들을 보면 한결같이 이런 얘기가 공통적이다. 모든 일에는 처음부터 타고난 것이 아니라, 소질이 있어도 노력하지 않으면 있었던 재능도 없어진다고 한다. 토론회에서 들은 얘기처럼 하는 일이 불가능해 보여도 최선을 다하다 보면 자신감을 찾게 될 거란 생각을 하게 되었다. 선이 있으면 악이 존재하듯이, 희망을 품고 일을 하다 보면 걸림돌이 생기기 마련이다.

풍작을 이른 농부처럼 부지런한 사람은 하늘도 말릴 재간이 없다는 말이 틀린 말이 아닌 것 같다.

먹을 것을 덜 먹고 아끼면서 몇 년 후 아내와 함께 큰 단독주택으로 이사 올 수 있던 것은 부동산 투기보다는 큰 집에 살겠다는 노력과 열정이 있었기에 가능했다.

# 현관 자물쇠

　외출하고 나서 아파트로 들어와 문을 열려고 했더니 숫자로 된 디지털 열쇠가 말을 듣지 않는다. 또박또박 다시 눌러도 먹통이다.
　애꿎은 비밀번호만 자꾸 눌렀지만 소용없었다. 5초 안에 방 안에 들어갈 수 있는데 열쇠 고장으로 문이 열리지 않아 참 난감했다.
　한 달간 보행약자 접근성을 위해 상가와 편의점 입구에 경사로나 승강기가 설치되어 있는지 여러 곳을 다니면서 조사한 내용을 워드로 작성하고 늦어도 오후 5시까지 이메일로 장애인자립센터로 보내야 하는데 걱정이다.
　열쇠 수리하는 사람을 데리러 갈 수도 없고, 전화를 걸려고 해도 전화번호도 모른다. 아파트 밖에는 동산으로 휠체어 타고 이동하기 쉽지 않다.
　다급한 생각에 손목시계를 들여다봤더니 4시를 가리키고 있었다. 이메일을 받기로 한 장애인

자립센터 담당자에게 전화를 걸어 속사정을 얘기했더니, 사무실에서도 나의 메일을 받고 6시까지 관공서에 제출해야 해서 빨리 보내달라고, 오히려 통사정하는 것이었다. 그렇다고 개인사정으로 핑계를 대면서 미룰 수도 없다.

  수단과 방법을 가리지 않고 옆집에서 망치를 빌리고 열쇠통을 부수거나, 열쇠 고치는 사람을 부르는 방법밖에 없다. 아내에게 전화해도 받지를 않는다. 설마 안 열리겠나? 하면서 눈을 똥그랗게 뜨고 번호를 천천히 눌러봐도 문이 열리지 않아 속만 타는 것이었다.

  혹시나 하는 마음으로 휴대전화에 입력된 현관문 비밀번호를 확인해도 틀리지 않고 그대로였다. 아파트로 이사를 와서 번호를 잊어버릴까 염려하여 현관문 열쇠 비밀번호를 휴대전화에 저장해 놓은 상태이다. 집사람이 나도 모르게 열쇠 비밀번호를 바꿀 리는 없어 별의별 생각이 드는 것이었다.

  휴대폰으로 114에 전화를 걸어 열쇠를 수리하는 전화번호를 알아내고 전화를 걸었더니 외곽지로 출장 중이라 족히 한 시간 반이 걸린다는 답변이었다.

  손에 들고 있던 휴대폰을 만지작거리면서 한숨을 쉴 수밖에 없다. 실은 열쇠 상태가 좋지 않아 잠금장치에서 한밤중 알람을 울리면서 잠이 깨었던 일이 한두 번이 아니다. 고치려고 마음을 먹었는데 게으름 탓에 이런 사달이 나고 말았다.

  때마침 현관 앞에 승강기 문이 열리는 것이었다. 승강기에서 나온 아내는 나를 보더니, "왜 문 앞에 서 있어요?"라며 대수롭지 않게 얘기를 했다.

어울림

잠금장치가 고장이 났는지 문이 열리지 않아 문 앞에 서 있다고 했더니 아내는 웃으면서 현관문 손잡이를 돌리면서 문을 여는 것이었다. 열쇠가 고장 나서 비밀번호가 필요 없게 되었다는 얘기였다. 그 말을 듣는 순간 어처구니가 없으면서 한심한 생각이 드는 것이었다. 왜, 문을 열어볼 생각은 안 했는지 난감했다.

다행히 집사람이 들어오면서 워드로 서류를 작성하고 장애인자립센터에 메일을 보낼 수 있게 되었다. 현관문에 잠금장치 없이 당분간 사용하면서 시간이 되면 열쇠를 고치던지 새것으로 교환하기로 했다.

며칠 동안 열쇠 비밀번호 없이 문을 열고 들어오는 것이 몸에 익숙해지자 그렇게 편할 수가 없었다. 자물쇠 고장 난 것은 작은아들과 우리 부부만 알고 있었다. 부담 없이 문손잡이만 돌리고 들어올 수 있어 한결 편하였다. 보름 이상 모른척하고 내버려두었다.

며칠 뒤 육지에 거주하는 사위와 딸이 직장에서 휴가를 받고 오랜만에 집에 들어오면서, "문이 열려 있네" 거실에 앉아 있는 우리를 보면서, "지금이 어떤 세상인데 문 잠그지 않고 살고 이쑤과!" 딸이 버럭 화를 내는 것이었다.

딸이 부모의 안전을 위해 화를 내는 것은 살아오면서 오랫동안 일상에서 잠금장치를 습득한 상태다. 습득한 대로 행동하기에 정신과 몸은 살아 온대로 따라가는 수 밖에 없다는 것을 실감나게 하였다. 살아온 습관과 성격은 현실에 맞춰 지켜지는 것 같다.

Episode

고
마
움

현관 앞 경사로
햇볕
바람
바람개비
고마움
빗소리
3박 4일 일본 여행

계절을 잊은 듯이
우박 대신 소나기다.

|

무성한 나뭇잎에 부딪히며
바닥에 떨어지는 빗소리가 걸음걸이와 비교된다.
먹이를 잡으려는 고양이 같이 살금살금 소리 소문 없다.
지금 나뭇잎과 화음을 맞추는 빗줄기는
새로운 계절을 알리는 봄의 전령사 같다.

 ## 현관 앞 경사로

　우리 집 현관은 폭도 좁고 길이도 짧아 경사로 놓기가 어려운 구조다. 공사장에서 낡은 널빤지를 구해다 경사로 사용하고 있었다. 나무 합판을 경사로로 이용하다 보니 고정이 되지 않아, 하루에도 여러 번 미끄러지며 턱 밑으로 떨어지면서 휠체어를 타고 나들기 불편했다. 널빤지 앞뒤로 실리콘을 쏘아붙이고 며칠 동안 다니다 보면 흔들거리며 통째로 떼어져 흔들렸다. 오르내릴 때 아내의 도움을 받아야 했다.

　고민 끝에 돈을 들여 시멘트나 타일로 경사로를 놓으려고 척수장애인협회에 찾아가 설치할 업체를 소개해 달라고 했다. 제주 장애인보조공학서비스센터를 소개해 주며 우선 상담을 권유하고 연락처를 적어주었다.

　내 코가 석 자라 보조공학센터에 전화로 경사로 상담하였다. 휠체어를 이용하는 중증장애인들의 집안 출입구 불편한 것을 내 일처럼 세세히 얘기해 주었다.

다음 날 10시쯤 보조공학서비스센터에서 직원 둘이 와서 현관을 살펴보고는 줄자로 넓이와 길이를 재고 타일을 깐 바닥을 손으로 만져 보는 것이었다. 타고 있던 휠체어 넓이와 길이 치수를 재었다. 경사로 설치되면 가족들이 신발을 신고 벗는데 공간이 좁지 않은지 치수 재는 조사가 끝났다.

그 후 일주일이 지나 쇠로 만든 경사로를 가지고 와 보조공학 직원이 설치해 주었다. 설치된 경사로를 보는 순간 십 년 묵은 체증이 시원하게 가라앉는 느낌이었다.

매일 같이 다닐 때마다 예전 경사로가 밑으로 떨어졌었다. 떨어지지 않게 하기 위해서는 허리를 뒤로 젖히고 몸을 비틀어 가며 올라 다녀야 했었다. 나무로 되었던 경사로를 치우고 바닥에 탁 부착되는 알루미늄 경사로로 교체되자 스트레스가 해소되면서 편리하게 나다닐 수 있게 됐다.

경사로가 설치된 첫날 어린아이처럼 경사로를 미끄럼타듯이 내려갔다, 올라왔다를 여러 차례 반복했다. 운동하기 위해 탐라복지관 체육실에 나가고, 읽고 싶던 책과 집필을 위해 제주 DPI 부설 새날도서방에 출입도 자유로워 심적 부담을 덜게 했다.

알루미늄 경사로 없을 때에는 거실 안이나 밖으로 나가려면 7cm 정도의 거실 입구 문턱이 있어 휠체어를 타고 있어 혼자서는 외출은 꿈도 꿀 수 없었다. 아내는 곁에 늘 있어야 했다. 마당이나 공원에 햇볕을 쬐려고 해도 누군가의 도움이 필요 했다.

장애를 당하고 끊임없는 재활이 필요했다. 재활은 인간만 하는 것이 아니라 장애인이 되고선 건물 안팎도 유니버설디자인으로 개선이 필요하다. 재활의 필요성을 강조하는 와사보생 臥死步生이란 고사성어가 떠오르게 했다. 오랫동안 침대에 누워있으면 생명이 단축되고, 외출이 자유로워 침대에 눕는 시간이 짧거나 줄어들면서 장수한다는 얘기다. 자유자재로 현관문을 누구의 도움 없이 나다니다 보니 모든 일에 자신감이 생기게 했다.

보행환경을 좋게 해주는 경사로의 고마움을 새삼 깨닫고, 재가 장애인을 위해 봉사하는 사람들이 천사처럼 느껴졌다. 출입로 접근이 어려워 집에만 붙어있으면 감상적이며 소외된 느낌을 받게 된다. 경사로 덕에 혼자서 자유로이 나들다 보니 '재활의 첫걸음'이 15도 각도로 된 경사로에 쓰여있는 것 같다.

 # 햇볕

 구름 한 점 없는 하늘에 햇살이 비친다. 어느 누구보다도 햇볕맞는 것을 좋아하는 편이다. 특별한 일이 없을 땐 일광욕을 즐긴다. 햇볕을 쬐고 있으면 심리적 안정을 얻게 된다.
 오늘은 대동강물이 풀린다는 우수에 걸맞게 햇볕이 쏟아지고 있다. 따가운 햇살에 얼굴과 눈을 보호하기 카우보이 블랙야크 모자를 쓰고 근처 근린공원으로 나와 햇볕을 쬔다. 햇볕을 맞다 보면 잡념이 없어진다. 강렬한 햇볕에 눈을 가늘게 뜨고 내리쬐는 태양을 쳐다보자 눈부신 파장이 둥그런 블랙홀 속으로 빨려드는 느낌이 든다. 향기가 있거나 만질 수는 없다. 모든 물체를 따뜻한 열로 자극하게 된다. 한겨울 추위에 누런 흔적만 보였던 풀이나 나뭇가지는 하늘에서 내리쬐는 빛의 자극을 받으면 파란 새싹이 돋아나 꽃을 피운다. 식물에 파릇파릇하게 생기를 불어

넣었듯이, 햇볕은 곤한 마음에 활력을 불어넣어 준다.

햇볕에 만족을 느껴지게 하는 공원 안에는 하천 위로 다리가 놓여 있다. 시멘트 다리는 나지막하지만, 사방에 막힘이 없다. 햇볕으로 날씨에 따라 풍경이 다르다. 햇볕을 쬐는 장소로도 좋다.

아름드리나무가 실버들처럼 늘어진 나뭇잎이 바람에 파르르 떨며 햇빛에 반짝거리는 모습이 홀라춤을 추는 듯하다. 출렁이는 나뭇잎이 파장을 일으키며 반짝반짝 바뀌는 모습이 카드섹션 하는 것처럼 보이기도 했다. 마치 빛의 미디어아트를 감상하는 것 같다. 석양의 노을이 아름다우며 장엄하지만, 햇빛은 위치에 따라 우상을 만들거나 예술가에게 영감을 주기도 한다. 햇볕은 편견과 지위고하를 막론하고 치우침이 없다.

햇살이 피부에 자극을 느낄 정도로 쏟아져도 땀이 나지 않아 겨울은 겨울이다. 두툼한 잠바와 모자, 장갑, 머플러와 마스크를 끼고 산책하는 사람들이 보였다. 앉아 있는 다리 위는 추락을 방지하기 위해 아크릴 투명 가림막이 설치되어 있다. 몸 전체 햇살을 받기 위해 아크릴판을 바람막이 삼아 오래 앉아 있어서인지 얼굴이 뜨겁게 느껴졌다.

뜨거워진 볼에 실바람이 스칠 때 마사지를 받는 것처럼 시원하였다. 봄볕은 며느리에게 맞히라 하지만, 겨울철 몸 건강 하려면 햇볕이 필요하다. 병원에서 비타민 D가 부족해 약처방을 받고 있다. 가을볕은 딸에게 쬔다는 속담이 있다. 햇빛을 맞히

고마움 173

는데도 아이러니하게도 계절에 차이가 있어 보인다. 겨울 자외선을 생각할 필요 없이 따뜻하기만 하면 그만이다. 일광욕이 하늘에서 주는 건강한 처방이다.

　한참동안 일광욕을 즐기다 보니 도로에서 달리는 차 소리와 도서관, 학생문화원 높은 건물이 그림자를 드리운다. 건물 유리창엔 햇빛에 반사되어 반짝거린다.

　아침에 잠에서 깨면 창문을 활짝 여는 습관이 있다. 밤새 탁한 공기를 환기하려는 것 보다 햇살이 비추고 있는지 확인하기 위해서이다. 대문 앞이나 정원에 있는 화분 옆에 쭈그리고 앉아 햇볕을 받고 있으면 기분이 좋아진다.

　누구에게도 뺏길 수도, 빼앗을 수도, 소유할 수도 없는 햇볕은 가족처럼 유대감이다. 햇볕이 구름에 가려질 때까지 앉아 있으면 수행하는 느낌이다.

　햇볕은 나에게는 활력을 불어넣으며 삶의 질을 높여주는 일등 공신이기도 하다. 중국에서 날아와 하늘을 덮는 황사나 코끝을 매캐하게 하는 온실가스와 미세먼지만 없다면…….

　요즘 인기몰이하는 트로트를 듣거나, 컴퓨터로는 인문학 강의 동영상을 보는 것 보다 햇살을 받고 있으면 아늑해진다. 또한 갑자기 스트레스를 받거나 우울하다고 느껴질 때 햇볕을 쬐고 있으면 마음이 풀리게 된다.

 바람

    바람이 잘 통하는 통로로 얼굴을 내민다. 한낮의 푹푹 찌는 더위를 피하려 나무가 우거진 공원에 나왔다. 나무 사이로 간간이 불어오는 바람이 싱그럽다. 사방에 초록색의 운치까지 더하게 만든 바람이 고맙게 여겨진다. 바람이 더욱 상쾌하다. 나뭇잎이 살랑살랑 부딪치는 소리가 깊은 산중에 온 느낌이다. 나뭇잎에서 바람을 타고 콧속으로 새콤한 향기가 스며들어 정신이 맑아진다.
    에어컨이나 선풍기는 생각할 필요 없다. 수목원이나 해수욕장에 온 기분이 든다. 신선한 바람이 피부에 와 닿는 촉감이 매끄럽다. 매끄러운 촉감이 꼭 온천욕 하고 나온 느낌이다. 모닥불에 살이 찐다는 얘기처럼 시원한 바람으로 마음이 살찌고 있다. 맑은 공기와 바람으로 땀을 식히며 건불리고 있다.

나무 밖은 찜통더위로 숨 쉬는 것도 벅찼다. 한줄기로 시작되는 실바람이 작은 회오리를 일으켜 나무 사이를 돌며 바닥에 쌓인 낙엽을 쓸어모았다가 다시 흐트러지게 하며 휘날렸다. 말똥구리가 짐승의 배설물을 분해하는 풍경이다. 마른 낙엽 같은 부산물이 식물에 골고루 영양분을 주기 위해서 흩어진다. 바람의 순환은 토양을 기름지게 한다.

바람에 마음을 맡기고 숨을 크게 들이마시자, 옛날 생각이 떠오른다. 바닷가에서 잡은 해산물을 먹기 위해 나뭇가지나 낙엽을 줍고 불을 지펴서 삶을 때나, 들에서 감자 구워 먹으려고 불을 지피려면 호호 부는 바람이 필요했다. 나뭇조각에 불이 잘 타도록 종이박스를 찢어서 부채처럼 사용을 했었다. 바람을 기구로 연을 날리기도 했었다. 바람은 자손을 번식시키기 위해 식물을 수정시키기도 한다.

바람은 그림자도 없고 거울에 비치지도 않는다. 바람이 지나가는 자리엔 흔적만 조금 남긴다. 초속 50m로 부는 바람은 달리는 열차를 탈선시키며, 건물을 무너뜨리고 아름드리나무를 꺾어버리거나 뿌리째 뽑혀 버린다. 거대한 태풍은 횡횡 무섭게 소리도 잘 지른다.

하늘에서 고기압이 저기압을 밀어내는 현상으로 세력을 확장하며 강한 바람을 만든다. 바람은 경제를 창출시키기도 한다. 태풍으로 인해 부서진 건물을 새로 짓거나 필요한 원자재를 생산하게 만든다. 녹조로 오염된 바다를 뒤집어 놓으며 해류의 순환으로 고기들이 심해나 먼바다에서 연안으로 돌아오게 해 준다. 수산업 활동은 바람 방향에 따라 좌지우지하게 된다. 바람은 경제 발달의 디딤돌이자 일자리 창출의 시초라 할 수 있다. 풍차 같은 신재생에너지로 지구 온난화를 줄일 수도 있다.

힘차게 불어닥치는 무서운 바람은 슬픔과 시련을 안겨주기도 하지만, 인간 생활과 자연을 보전시켜 주면서 생태계의 필요한 위치를 차지하고 있다.

아이들도 나무 주변을 뛰어다니다 바람이 없어서인지 하나둘 짝을 이루고 냇가로 달려간다. 냇가에서 바람을 찾으러 나온 개구리나 수생식물도 숨을 쉬기 위해 바람이 필요할 것 같다.

어린 시절 누구나 한 반쯤은 경험해 본 일이다. 들에서 매미와 메뚜기를 잡다, 나무 사이로 바람이 통하지 않으면 앞뒤를 보지 않고 바다로 달려갔다. 헤엄을 치다가 갯바위 밑에서 햇볕을 피해 바람이 통하는 장소를 찾는다. 어린 시절 바람은 바람개비 처럼 자유분방하게 하였다. 연을 만들어 장난감을 다루듯이 바람은 어린이들의 벗이기도 하다.

고마움

 ## 바람개비

공원 안에는 바람개비가 배 스크루처럼 돌아가고 있다. 누가 시키지 않아도 와르르 경쟁하는 모습이다. 땅바닥에 꽂아놓은 바람개비는 자연의 힘으로 좋으나 싫으나 바람만 지나가면 거침없이 원을 그린다. 허리높이 기둥이 탈탈거리도록 빨리 도는 모습이 대견하다.

바람개비 뒤로는 흰색의 호국영령 탑이 있다. 탑 앞으로는 파란 잔디밭이다. 광장과 경계를 이룬 잔디밭 안에는 미끄럼틀, 그네 등 어린이 운동기구와 놀이기구가 놓여있다. 시야가 환히 트이는 광장에는 넓은 대리석을 깔아놓아 세발자전거, 롤러스케이트를 타고 힘껏 뛰어다닐 수 있는 곳이다.

행사장 천막 앞 현수막에는 '제○○회 나라 사랑 체험 한마당, 그림 심리검사, 지역사회 서비스 투자사업 체험!'이라고 쓰여 있다.

진행요원이 있어도 바람개비가 행사장을 장악한다. 바람개비는 오가는 어린이나 어른들에게 행사장 열기를 북돋우며 인기를 끌고 있다. 행사 시간이 일러서인지 바람개비 앞으로 어린아이들이 모여있다.

한 줄로 길게 놓인 바람개비가 우주의 행성 같다. 바람이 사그라졌는지 회전을 멈추고 자기 자신을 드러낸다. 하얀색 바람개비가 별 모양의 사각형이다. 정사각형 안에는 붉고 파란색의 둥근 태극 문양이 새겨 있다. 뿔처럼 뾰족한 네 개의 삼각형에는 검정의 건곤감리가 또렷하다. 바람개비가 6월 호국보훈의 달 신산공원 호위병을 상징하는 모습이다. 또한 6·25 때 산화하신 숭고한 호국영령을 떠오르게 했다.

며칠 전 스포츠 탑 앞에 걸려 있는 현수막에는 금연 캠페인 글귀가 보였다. 담배는 피우지 않지만, 구경삼아 호기심에 오게 됐다. 오는 날이 장날이라고, 금연 행사는 하루 전 끝나고, 제주서비스 지원단 행사로 소외된 분을 위해 그림 심리상담과 여러 가지 놀이 체험하는 날이었다.

한 시에 행사 진행한다는 얘기로 바람개비 앞으로 다가서서 유심히 쳐다보았다. 오르막이 있으면 내리막이 있듯이 돌았다, 멈추기를 반복하는 바람개비에 행인들이 신기한 듯 쳐다보는 것이었다. 옆을 지나던 사람이 돌지 않는 바람개비를 손으로 툭 치며 돌려보지만 탈탈거리며 한두 바퀴 돌다 멈춰버린다. 손가락 힘으로 돌리려 하는 것은, '소를 물가로 끌고 갈 수는 있지만 강제로 물을 먹이지 못한다'는 속담을 생각나게 했다.
 자유자재로 멈추다, 돌았다, 하는 것에 흥미를 갖게 했다. 나의 피부로 바람의 세기를 느끼지는 못하지만 바람을 알아챈 바람개비는 또다시 파르르 돌기 시작했다. 한없이 돌아가는 바람개비가 행사장 홍보단장 같다.

 그중에 바람의 힘을 받지 못한 바람개비는 외톨이 같다. 돌지 않는 바람개비가 바람을 받지 못해 멈추는지, 고장 난 것인지 예측불허다. 사람이나 바람개비는 예상외의 충족을 받거나 얻지를 못하면 멍때리거나, 딴청 피우게 되는 것 같다.
 돌지 않는 바람개비에 사람들이 손으로 흔들어 보면서 관심을 둔다. 같은 환경에서 돌지 못하는 것은 위치 선정이나 바람의 길목이 다른지 여러 각도로 생각할 수 있다.
 멈춰 있는 바람개비가 소외계층을 생각하게 된다. 소외계층에 대한 지속적인 관심이 필요하다. 따뜻한 배려는 아름다운 화합을 이끌게 된다. 사심과 차별 없는 바람개비가 허세와 겉멋없이 돌아가는 이 모습이 오늘의 행사 취지를 말해주는 것 같다.
 노약자 보살핌이 반짝하다 사라져 버릴 유성같은 봉사는 생각하고 싶지 않다.

고마움

공원에서 운동을 마치고 나면 고마움이 느껴진다. 한여름 뙤약볕에 우거진 나무 사이로 신선한 바람이 일어 방갈로처럼 여겨지는 공간이다.

아무리 무더워도 햇볕을 싫어하기보다 좋아하는 편이다. 모자 쓰고 햇볕을 쬐다 아름드리나무 그늘 밑에 앉아 사색을 즐긴다.

처음부터 공원이 지금처럼 마음에 들었던 건 아니었다. 통행하는 출입구가 10cm 높이의 턱이 있어 공원에 오면 미로에 갇혀 있는 느낌이 들었다. 운동하면서 탈수증 예방하기 위해 물이나 음료수를 마시고 공원 안을 걷다 보면 방광에 소변이 몰리면서 화장실을 가고 싶어도 갈 수 없었다. 화장실이 있는 공원 입구에 턱이 있었다. 집에 가서 화장실을 봐야만 했다.

공원을 하루 이틀 다닐 것도 아니고 다른 사람을 위해서라도 생각을 바꿔야 했다. 공원을 다니면서 불편한 곳을 누구에게 말해야 할지 난감했다. 관공서에 민원을 내 보기도 했다. 시청 직원과 지인에게 여러 경로로 부탁해도 말이 통하지 않았다.

여러 날 고민 끝에 제주 문인협회 김가영 회장님에게 전화를 걸었다. 공원에서 불편한 곳을 전화로 얘기를 하였더니, 함께 노력해 보자는 것이었다. 전화를 걸고 나자 미안한 생각이 들었다. 문학의 이해에 관한 질문을 해야 했는데. 수필 문학과 상관없이 공원에 나오면 다니기 불편한 곳을 얘기하면서 고칠 방법을 찾아 달라고 하였으니……

제주문인협회 회장님과 통화를 마치고 며칠이 지나 저녁에 시청 공원관리과에서 온 전화를 받게 되었다. 다른 약속이 잡혀 있었지만, '쇠뿔도 단김에 빼라'는 얘기처럼, 다음날 아침에 공원에서 만나기로 약속 하였다.

전화 받은 뒷날 아침에 공원에서 만나 고칠 곳을 설명하면서 의논하였다. 후문 출입구, 장애인화장실에 들어가는 정문 출입구에 12도 경사로를 만들어 달라고 하였다. 야외공연장 장애인관람석 보수, 동산을 휠체어를 타고 오르기 좋게 그 위로 보도 블록을 놓아 달라고 하였다. 동산 위에서 전망을 보기 위해서이다. 시청직원은 공사할 때 잘못된 곳을 지적해도 좋다고 하셨다.

공원 화장실 공사가 끝나고 알게 되었지만, 화장실과 붙은 출구는 15도 각도 경사로가 휠체어가 다닐 수 있게 잘되어 있어 최고 수준이었다. 경사로를 따라 화장실 안에 들어가면 감미로운 음악이 흐르고 진한 허브 향기가 물씬 풍기면서 응접실에 온 기분마저 들게 하였다. 공원 공사가 끝나자 세상이 살만하다는 생각이 들었다.

휠체어를 탄 사람도 공원을 자유롭게 이용할 수 있게 됐다고 자랑하고 싶어 신문기자를 만나 취재를 부탁하였다. 기자는 공사한 이곳저곳을 살펴보더니 누구도 생각 못 했던 일을 해냈다고 격려해 주었다.

취재 후 한라일보에 대문짝만하게 기사가 게재되었다. 기사 내용을 요약한다면.

'김가영 작가는 제자의 건의사항을 듣고 즉시 현장을 확인하고 제주시 당국에 강력히 건의한 결과, 이번에 시 당국이 600만 원의 예산을 들여 수운근린공원 화장실 입구, 정문 한쪽으로 20cm 높이의 턱을 없애고 15도 각으로 낮게 하는 한편 20m에 달하는 공원 내 야외공연장의 조망권 확보, 장애인 출입을 쉽게 하였으며 공원 후문 경사면 각이 15도로 만들어 휠체어를 타고도 자유롭게 드나들게 되었다.'

예전에는 공연 관람석 안으로 들어가려면 땅 위로 돌출된 돌부리와 촘촘한 의자에 휠체어가 부딪쳐 안으로 들어갈 수 없었다. 공연장 앞에는 사방이 방풍림처럼 나무가 우거진 한여름에도 시원한 곳이다. 공연장 공사가 끝이 나고 공원에 나오면 장애인관람석에 앉아 책을 읽거나 조용히 휴식에 잠기게 되었다.

    환경 모니터링을 하면서 식당, 영화관, 사격장, 볼링장 같은 실내외 체육관 보행환경이 좋게 고쳐 달라고 하였지만, 생각대로 되지 않는다.

    그나마 접근성이 좋게 된 공원에서 운동을 마치고 나면 성취감이 느껴진다. 성취감 뒤에 찾아오는 기쁨은 이루 말할 수 없다.

    보기 싫은 잡초를 베어주는 사람, 청결하게 보도블록에 붙은 껌딱지를 떼어주고, 바닥을 깨끗하게 쓸면서 청소해 주는 사람, 웃자란 꽃과 나무를 아름답게 전정해 주는 사람을 볼 때마다. 달라이 라마가의 얘기처럼. '우리는 서로 연결되어 있어 나 혼자만 따로 행복해질 수 없다'고 하셨다. 공원 올 때마다 편안하게 산책하면서 늘 고마운 분을 생각나게 한다.

 # 빗소리

　빗소리에 잠이 깼다. 교중미사로 성당에 갔다 와서 낮잠을 자고 있었다. 바깥을 자세히 보기 위해 창문을 열었더니 빗방울이 유리창에 하나둘 달라붙고 있었다. 후다닥후다닥 물거품을 물며 내리는 비도 아니다. 빗줄기에 낭만을 기대하고 싶었다. 주룩주룩 내리는 것도 아니고 비오려는 시늉 같다. 붉은 벽돌 담장 위로 톡 톡 떨어지는 것이 처마끝 낙숫물보다 약하다. 큰 비가 오도록 기다려지는 것이다. 가만히 앉아서 창밖을 보기 위해 순면 얇은 외투를 입고 전기난로를 켰다. 난로의 붉은 불빛으로 방 안이 포근하게 했다.
　살며시 내리는 빗소리를 크게 듣기 위해 바깥으로 나가고 싶었다. 비의 양을 살펴보기 위해 도로를 봤더니, 빗물이 아스팔트에 살짝 스며들며 스케치하는 모습이다. 이왕 내리는김에 요란하게 와르르 퍼부었으면 했다. 창가에 부딪히며 내는 빗소리로는 간에 기별도 안 간다.

　골똘히 내리는 비를 넋이 나간 듯이 쳐다보다, 그래도 한겨울 내리는 비를 놓칠 수 없다. 방안 책장 모서리에 걸려있는 조립식 우산과 텀블러에 아메리카 커피를 타고 공원에 나가보기로 했다. 가는 빗줄기라도 곁에 떨어지는 소리를 생생하게 듣고 싶었다.

　공원에 가기 위해 현관문 밖으로 나왔더니 하늘에서 내리는 비가 커지면서 현관 처마에 빗물이 부딪치며 뚝뚝 소리가 난다. 현관에 비가림막을 씌운 이유는 빗소리를 선명하게 듣기 위해서이다. 아파트 7층에 거주할 때 빗소리가 들리지 않아, 빗소리를 들으려면 주차장으로 내려와야 했다.

　빗방울이 굵고 많아지고 있어 공원에 가야 하나 말아야 하나 망설여지게 하였다. 나가는 도중 옷이 젖지 않을까 걱정도 됐다. 욕창으로 몸져누울 때도 빗소리가 나지막하게 들리면 침대에서 일어나 비 오는 풍경을 창가에서 들으며 빗방울을 보고 싶었다. 엉덩이 상처가 바닥에 닿으면 상처가 깊게 파고들어서 창문을 열고 누운 채로 빗소리를 듣기도 했었다.

　공원에 나가기로 마음먹었다. 휠체어에 무브온을 부착하고 대문을 나섰다. 떨어지는 빗방울이 옷에 몽글몽글 맺히며 부서지고 있다. 이마와 눈에 빗방울이 하나둘 톡 톡 맞닿을 때 마다 시원했다.

　집에서 공원 거리는 300m 정도다. 미끄러지듯이 휠체어 타고 공원 입구에 왔더니 옷이 흠뻑 젖어 있다. 타고 있는 휠체어에 장착된 전기장치에 빗물이 스며들까 염려되어 손수건으로 감싸고 왔다. 비를 피하려고 잠시 투명 폴리에틸렌으로 지붕 씌운 자전거 보관소 안에 들어왔다. 느닷없이 비가 싸락눈처럼 다다닥 쏟아져 팔각정으로 된 정자가 있는 곳까지 가기 쉽지 않았다. 그나마 힘찬 빗소리를 라이브로 감상할 수 있게 되었다.

자전거 비가림막 앞으로 오가는 사람들의 시선에 언제까지 여기에 앉아 있을 수 없다. 무브온 전동장치를 떼어내 자전거 보관소에 세워두고 휠체어를 밀면서 정자 안으로 들어왔더니 숨이 찼다.

정자 안에 자리를 잡자, 한기로 감기에 걸리는건 아닐지 걱정되기도 했다. 오늘은 절기상 소한으로 손발을 시리게 하는 겨울이다. 춥지만 비가 그칠 때까지 정자에 앉아 있기로 했다. 소한 추위도 아랑곳없이 뚝뚝 소리를 내는 빗소리가 소꿉친구처럼 여겨졌다.

바닥에 떨어진 빗방울이 옷과 신발에 툭툭 튀기면서 달라붙어 귀여우면서 호감이 간다. 땅에서 도레미파솔라시도 계이름 악기의 음색을 내게 하는 비로 운무가 쌓인 것처럼 하늘이 희미하다. 빗방울이 홍수처럼 넘쳐나지도 않고 태풍처럼 사납지도 않다. 귀와 눈으로 느끼다 보니 편안하다. 수림 위와 옆으로 떨어지는 빗줄기와 소리를 들으며 텀블러에 가지고 온 커피를 마시다 보니 시간 가는 줄 모른다.

고마움

계절을 잊은 듯이 우박 대신 소나기다. 갑작스러운 빗소리가 고양이 걸음걸이와 비교된다. 먹이를 잡으려 살금살금 걷다가 순식간에 먹이를 입으로 낚아채고 재빨리 달아나는 모습 같다. 지금 나뭇잎과 화음을 맞추는 빗줄기는 겨울도 채 지나지 아니했는데, 새로운 계절을 알리는 봄의 전령사 같다.

피곤해서 낮잠이 쏟아질 때나, 심란할 때 한 가지 일에 매달리다 보면 피로가 풀리면서 시간 가는 줄 모르게 된다. 집에서 입고 있던 옷으로 나와 한기가 느껴져 돌아가 두꺼운 옷으로 갈아입고 나오려 했다. 하지만 춥다고 빗소리를 외면하며 집에 갔다 오고 싶지 않았다. 빗소리에 집중하다 보니 추위도 잊게 하였다.

눈 대신 비가 추적추적 내리고 있어 겨울이 조용히 지나가고 있다는 생각이 들었다. 해가 거듭될수록 4계절이 예전처럼 뚜렷하지 않다.

우리나라는 장마를 합하면 5 계절로 구분되기도 했었다. 어린 시절 3~4일 간격으로 들었던 빗소리가 좋았었나보다. 과다한 이산화탄소 방출로 눈이 내려야 하는데 비가 내리고 있어 겨울이 없어질지 걱정이 된다.

 ## 3박 4일 일본 여행

　제주척수장애인협회가 마련한 "휠체어로 그리는 세상투어"라는 일본여행 프로그램을 개설했다. 이 프로그램에 참가하기 위해 오후 4시에 제주국제공항에 왔다. 티웨이항공 직항편으로 두리함께여행사의 인솔에 따라 오사카행 비행기에 탑승했다. 비 오는 날씨로 하늘이 부옇게 시야가 흐렸다. 여행의 설렘은 비가 오는 것도 정겹게 했다.

　브릿지로 연결된 통로를 지나 비행기에 탑승하게 되었다. 유리창에는 빗물로 성에가 끼어 있어도 기내에서 바라본 밑은 하얀색이다. 바다와 일본 열도를 공중에서 보려고 하였지만, 상공에는 눈 쌓인 풍경처럼 흰색의 하늘 밑 융단이다. 기체가 흔들리며 오사카 간사이 공항에 비행기가 착륙했다. 어마어마하게 넓어 끝이 보이지 않는다.

비행기에서 내려 간이열차를 타고 출국장에서 출국심사를 받아야 했다. 까다로운 출입국 심사를 받고 공항 로비에 나왔더니 척수협회 여행을 환영합니다란 팻말이 보였다. 척수협회 회원 6명과 도우미까지 총 12명이 모이게 되었다. 시계를 봤더니 저녁 여섯 시를 가리키고 있다. 현지 가이드는 단아한 평상복을 입고 나온 구와바라 료코상이 엷은 미소로 맞아 주었다. 공항이 매우 넓어서 크기를 물어보았더니, 미스Miss 구와바라상이 동경 하네다와 나리타공항 다음으로 오사카 간사이 공항이라 했다. 또한 오사카 간사이 공항은 인공섬 위에 만들어졌다고 하였다. 오사카에 오면 문어가 안에 들어있는 타코야끼를 드셔보라고 하면서 오사카 사람들은 음식을 좋아해서 먹고 죽는다는 얘기를 많이 한다고들 했다.

일본 여행하면서 편의점에서 초밥, 우동, 쇼바를 맛보려고 했었다. 날이 어두워지고 있어 구라스시 식당에서 회전초밥을 보게 되었다. 스시는 초밥이란 말로 우리나라 초밥과 일본 초밥 맛을 비교해 보기로 했다. 식당에 도착하고 회전초밥 앞으로 둘러앉아 입맛에 맞는 것을 고르면서 먹을 수도 있지만 주문도 되는 것이었다. 후식으로 국수, 쇼바, 과일 등 다양한 음식들이 나왔다. 산해진미는 이럴 때 쓰는 말 같았다.

구라스시 식당에서 저녁을 먹고 숙소인 오사카 센타라그랜드호텔에서 머물렀다. 다음날 일본의 옛수도인 교토에 있는 평등원을 보기 위해 출발했다. 원래 절 이름은 봉황사였는데, 귀족의 부처님 앞에서 만인이 평등하다는 뜻으로 지어지게 되었다고 한다. 지붕 위에 봉황 문양이 있어 봉황사라 부른다는 설명도 있었다. 비가 많이 내려 궂은날씨로 평등원 실내에서만 관람하게 되었다. 10엔 동전에 봉황당이 새겨져 있을 정도로 일본인에게 자부심이 강한 사찰이기도 하다.

평등원을 관람하고 오는 데 비가 잠깐 그쳐서 밖으로 자세히 보게 되었다. 고가도로는 거미줄처럼 엮어있어도 터널은 보이지 않았다. 길거리는 깨끗하면서 낙엽이나 휴지 한 장도 버려져 있지 않다. 식당이나 편의점 출입구는 턱이나 계단이 보이지 않는다. 인도와 인도 사이를 연결해 주는 보도블록에 바닥과 편평하게 되어 있어 깜짝 놀라게 하였다. 관광지라 무장애 관람을 위해서 특별한 장소만 만들어 놓은 것으로 생각했었다. 점심은 우동 세트를 먹었다.

2일 째 되는 날에는 오사카 센타라그랜드호텔에서 짐을 챙기고 청수사로 출발했다. 청수사는 맑은 절이라는 뜻의 사찰로 교토가 도읍이 되기 이전인 778년에 지어진 사원이다. 교토 오토와산 중턱에 자리하고 있으며 사찰 명칭은 이곳에 있는 오토와산 폭포에서 유래되었다고 했다.

창건 이후 몇 차례 화재로 소실되었다가 에도시대 초기인 1633년 두쿠기와 이에미스의 명령에 의해 현재 모습으로 재건되었다. 1994년 국제연합 교육과학문화가구UNESCO 세계문화유산으로 지정된 교토의 문화재 일부이다. 십일면천수관음상을 모시고 있는 본당과 절벽 위에 거대한 목조구조물로 교토 시내의 아름다운 전경을 한눈에 감상할 수 있다. 청수사로 가는 길에 비가 쏟아져 협회에서 준비한 비옷을 입고 경사가 심한 청수사 본당으로 올라가기 시작하였다. 많은 비가 내려 바닥이 미끄러워 오르기에 힘들었으나 전동바이크로 이동하고 있어 불편히지 않았다.

청수사에 도착하고 뒤쪽 숲이 우거진 곳에서 전동바이크를 타고 달리다 보니, 제주도 5.16도로 숲터널처럼 되어 있어 5.16도로를 휠체어를 타고 횡단하는 느낌이 들기도 했다.

점심을 먹고 40분을 달려 오후에 아베노하루카스 전망대에서 오사카 시내 전경을 감상하게 되었다. 옥상에 위치한 지상 300미터의 헬리포토에서 오사카시를 아무 막힘없이 360도로 도시 전체를 본다는게 하루카스 옥상이 세계 유일해 보였다.

전망대에서 오사카 전경을 둘러보고 저녁이 되면서 도톤보리로 이동하였다. 도톤보리에서 이부리아 식당으로 갔는데 고기를 굽다는 뜻으로 소고기를 무한 리필로 제공하고 있어 입맛에 맞게 골고루 먹을 수 있었다.

식사 후 오사카 센타라 그랜드 호텔로 돌아와 날이 밝자 동대사 사찰로 출발하게 됐다. 동대사는 동쪽에 있는 뜻이라 했다. 길가나 도로에 휴지 조각이나 나뭇잎이 나뒹굴지 않았다. 도로는 2차선으로 좁게 보였지만 교통 혼잡은 없었다. 도로에서 대형, 중형차보다는 소형차가 많이 보였다. 유리창은 차들마다 빛가림하지 않아 차 안이 훤히 보였다. 좁다란 도로 만큼이나 작은 주택 옆이나 앞으로 주차장이 보였다. 집을 지을 때 정원보다는 주차장을 중요시한다는 것을 느꼈다.

동대사는 12미터의 대불로 유명하다. 12미터의 거대한 대불은 금동보살상처럼 휘황찬란하며 걸음을 멈추고 멍하니 쳐다보게 하였다.

동대사를 관람 후 점심을 먹고 오사카성으로 출발했다. 오사카성을 보기 위해 주차장에 왔더니 걸어서 30분을 가야 된다는 것이었다. 전동바이크를 휠체어에 장착하고 있어, 옛날에 지어진 성이라 도로와 인도가 휠체어 접근이 가능할지 걱정되었다. 차에서 내리고 오사카성이 보이는 호수나 강처럼 생긴 수로 옆으로 가게 되었다. 여기에도 마찬가지로 턱이나 계단이 없어서 유모차나 휠체어가 다니기에는 아무 문제가 없었다.

일본에서 허름했던 오사카성을 오사카 상징으로 만들려고 시민들이 십시일반 모금하고 오사카성을 재건하게 되었다. 안에는 엘리베이터와 밖으로는 경사로를 만들어 무장애 성으로 일본 현지인에게 깊은 애정이 있었다. 정원 같은 넓은 뜰과 성벽이 아주 오랜 옛날에 큰 돌을 다듬고 어떻게 쌓았는지 장인 정신을 엿보게 하였다.

오사카성을 관람하고 석식으로 가니도락 게(대게 요리) 쇼카도 벤드(도시락) 코스 요리를 먹고 여행지에서 마지막 밤을 보내기 위해 간사이 공항에 있는 닛코호텔로 출발하였다. 그곳에서 하룻밤을 머물고 제주 직항 비행기 좌석이 없어서 김해공항에서 환승하고 제주로 귀향하게 되었다. 비행기를 타고 일본 땅을 공중에서 봤더니 평지마다 집들로 가득 차 있었다. 평야는 보이지 않았다. 비행기가 부산 창공에 접어들자 넓은 평야와 군데군데 솟아오른 산을 보며 삼천리 금수강산이라는 말을 실감했다. 다만 여행하면서 관광지나 식당, 호텔, 편의점에 작은 턱이 없어 노약자나 장애인이 접근하기 좋게 만든 일본을 본받을 점이 많다는 생각이 들었다.

Episode

평설

| 평설 |

일상의 삶, 문학의 삶
- 김태우의 수필 세계 -

허상문
문학평론가, 영남대 명예교수

1. 들어가며

김태우 수필가가 『라면 한 그릇의 정성』 『소나무가 좋은 이유』에 이어 세 번째 수필집 『걷는 의미』를 출간한다. 수필집 『걷는 의미』을 읽으면서 무엇보다 주목하게 되는 것은 일상적 삶에 대한 작가의 깊고 소중한 인식이다. 일상적 삶에 대한 깊은 인식이 곧 작가의 문학적 삶으로 이어지고, 이는 곧 작가의 문학세계를 만들고 있다는 인상을 갖게 한다. 실제로 작가는 '작가의 말-일상의 속삭임'에서 다음과 같이 일상과 문학의 관계를 이야기한다.

> 일상의 속삭임이 소중하고 지나간 일들이 되어 입가에 미소가 번지게 하는 수필로 엮어졌다. 수필은 나에게 건강한 삶을 위한 창작의 과정으로 함께 하고 있다. 수필을 쓰다

보면 지쳐있던 몸과 정신이 보약처럼 피로가 풀리게 된다. 수필을 쓰는 것은 내 삶을 새롭게 일으켜 세우는 동반자가 되었다. 아무리 힘들고 어려워도 계속 수필을 쓰려고 한다.

- '작가의 말-일상의 속삭임'에서

현대인들에게 일상은 어떤 의미를 갖는가. 많은 사람은 일상을 평범한 하루의 일과 정도로 생각하고 있을 것이다. 단순하게 생각해 보면, 일상은 아침에 눈 뜨고부터 우리에게 주어지는 24시간이라는 반복되는 나날이다. 그렇지만 일상을 어떻게 보내는가에 따라 나날의 삶은 물론 전체 삶의 성공 여부가 달려있다고 할 수 있다. 개개인에게 있어서 일상적 삶은 다양한 의미를 지니고 있으며 우리는 일상적 삶을 위해 살아간다. 나날이 살아가는 삶은 결국 일상이라는 공간과 시간 속에서 이루어지는 것이며, 일상이 우리에게 주는 가치와 소중함은 작가들에게는 더욱 중요한 의미를 갖게 된다. 그래서 하이데거와 같은 철학자는 날마다 반복되는 성질을 가진 일상성이 '존재'의 모습을 보여주게 된다고 하였다.

하이데거의 말대로 일상성은 매일 똑같은 일상을 보내는 반복성을 보여주면서 현존재가 살아가는 존재 양식을 말한다. 일상성 속에서 다양한 존재와 삶의 모습을 보여주게 되면서 삶에 있어서 가장 중요한 부분을 차지하게 된다. 우리가 살아가는 삶이 곧 일상이고, 우리는 이러한 일상을 받아들이며 살아간다. 또한 아무 일도 일어나지 않는다고 해서 일상이 사라지는 것이 아니며 일상은 늘 같은 시간과 공간 속에서 존재한다.

김태우의 수필에서도 일상성은 대단히 중요한 의미를 지니면서 수필집에 실린 많은 작품이 '일상의 속삭임'으로 이루어져 있다. 「낚시 갔던 일」「요트 타보기」「서귀포 유람선 여행」「어머니 이사 갈 집 구하기」「꿈 해몽」「훌쩍 커버린 아이들」「성당 가는 날」 같은 많은 작품에서 두루 나타나고 있듯이, 작가에게 일상이 없으면 삶이 없을 정도로 일상은 삶의 전제 조건이 되고 있다. 반복되는 일상을 사는 것은 삶을 살아가는 사람에게 주어진 몫이기도 하지만 특히 작가에게는 일상을 바라보는 시각에 따라 문학적 삶의 방향과 무게도 달라질 것이다. 특히 김태우의 작품에서 표현하고자 했던 '삶과 인간 냄새'는 일상에서의 감동을 통해서 전달된다. 삶과 인간 냄새가 묻어나는 김태우의 수필은 일상과 삶에 대한 깊은 사색을 통해서 그 본질적 의미가 드러나고 있는 것이다.

2. 자아를 위한 일상성

일상이라는 기본 전제는 개인이 있기 때문에 존재하는 것이다. 일상을 사회적인 조직의 관점으로 보는 시각도 필요하지만, 중요한 것은 일상을 주체적 개인이 어떻게 인식하느냐에 따라 다르게 나타난다는 점이다. 일상이란 개인적 인격체에 바탕하여 존재하기 때문에 그 존재 양상이 다르다. 다시 말해 일상의 주체가 된다는 것은 삶의 주체가 된다는 것이며 일상을 어떻게 대하느냐에 따라 일상적 주체의 여부가 결정되고 한 사람의 삶이 결정되는 것이다. 따라서 주체가 사라진 일상은 앙리 르페브르가 말하는 '일상의 비참함'과도 연관된다.

 이런 의미에서 김태우의 일상은 지극히 긍정적이고 주체적이다. 작가의 작품은 「훌쩍 커버린 아이들」 「장애인 그룹 스터디, 지금 지역사회는?」 「척수장애인 어울림 한마당 대회」 「처음부터 타고나지 않는다」에서 잘 나타나듯이, 장애인으로 사는 삶의 고통이 담겨 있다. 예컨대 「훌쩍 커버린 아이들」의 한 대목을 읽어보자.

> 지인들이 집에 찾아올 때마다 장애로 억울한 생각이 드는 것이었다. 호랑이는 죽어서 가죽을 남기고, 사람은 죽어서 이름을 남긴다고 하는데…. 집이나 밖에서 장애인으로 묻히고 싶지 않았다. 일거리를 찾고 싶어도 자신이 없었다. 그렇다고 나태하게 눕거나 앉아 있을 수만 없었다. 아내는 성당에 데려다주며 많은 사람을 만나게 해 주었다. 성당을 나가다 보니, 같은 장애로 휠체어를 탄 곰솔회 회원이 집으로 찾아와 위로와 진로상담을 해 주었다. 곰솔회는 척수손상 장애인들로 구성된 모임이다. 성당 다니시는 사람에게 연락받았다고 하셨다. 속으로 집에 박혀있는

것보다는 밖에 나다니면 좋다는 생각이 드는 것이다.

-「훌쩍 커버린 아이들」에서

 알려진 대로 수필은 일상성을 바탕으로 이루어지는 서사 문학 장르의 속성 때문에 삶의 일상적 성격을 비일상적 현실로 은폐하거나 동시에 적나라하게 폭로하는 성격을 갖는다. 그렇지만 김태우의 많은 작품은 일상성이라는 삶의 부정적 측면을 담지하면서도 동시에 그것을 극복의 대상으로 삼는다. 실제 우리들의 삶은 일상을 벗어나서 존재할 수 있는가. 단 하루라도 이 지겹고 답답한 일상에서 벗어나서 저 머나먼 비일상성의 세상으로 초월하기를 꿈꾸지만, 나날의 삶은 일상에 매몰되어 있다. 그렇지만 어두운 일상의 삶을 극복하고 초월해야 또 다른 희망과 행복의 삶이 존재할 수 있다. 그러한 정신은 바로 일상성 속에서 인간과 삶에 대한 깊은 비일상적 통찰과 인식에서 우러나오는 것이다.

 김태우의 많은 작품은 일상적 삶의 고달픔과 보람을 동시에 보여주고 있다. 작가는 장애인으로서 힘든 삶을 외부인들과의 만남을 통해서 이겨내고자 한다. 일상이 "속으로 집에 박혀있는 것보다는 밖에 나다니면 좋다는 생각이 드는 것이다."라고 말하고 있듯이, 일상은 밖의 세상으로부터 보다 친숙한 세계를 만든다. 우리는 이 반복과 친숙으로 이루어지는 연속적 일상으로부터 탈피할 수 없으며, 그리하여 일상은 삶의 근원을 이루기도 하며 문학의 가장 중요한 주제가 되기도 한다. 특히 수필 문학은 일상성에 대한 기록으로 이루어지며, 우리들의 삶을 한 걸음 물러서서 깊이 생각하는 관조의 문학이기 때문에 더욱 그렇다.

그렇다면 작가가 고통과 슬픔으로 가득한 세상에서 꿈과 희망의 세상을 지향할 수 있게 하는 힘은 무엇일까? 작가에게는 일상을 바라보는 다른 눈이 있기 때문이다. 작가는 보이는 대로만 세상을 바라보지 않고 단풍나무 한 잎을 볼 때에도 인생과 세상의 의미를 성찰한다. "내 생에 단풍잎만큼이나 화려하진 않아도 최선을 다해 살고 있을까?"라는 물음은 자신의 삶에 대한 실존적이면서 동시에 세상과 자연에 대한 깊은 사색이기도 하다.

> 한여름 그늘이 드리운 단풍나무 밑에 있으면 시원하면서 한가로움을 느꼈다. 새들이 나무 주인처럼 둥지를 틀어 알을 부화시켜 짹짹 소리를 내며, 푸드덕푸드덕 날갯짓할 때면 산속에 있는 느낌이다.
> 겨울이 다가오면서 마당에 서서히 떨어지는 단풍나무 잎을 볼 때마다 생각에 잠기게 된다. 내 생에 단풍잎만큼이나 화려하진 않아도 최선을 다해 살고 있을까? 반성하게 된다.
> 단풍나무에 잎이 돋아나기 시작하면서 봄이 온다. 무더

위에는 신선한 공기와 그늘을 만들어주고, 가을로 접어들면서 알록달록한 색깔로 화려하게 해준다.

- 「단풍나무 집」에서

　김태우가 말하고자 하는 삶이란 자신이 꿈꾸는 아름다움 속에서 나타나는 것이고, 그 꿈은 아름답고 긍정적인 눈으로 바라보는 세상을 통하여 새롭게 드러난다. 작가는 아름다운 시선으로 꿈꾸며 바라보는 것을 삶이라고 생각하기 때문에 일상에서 쉽게 보이지 않는 아름다움을 볼 수 있는 것이다.

　이런 의미에서 김태우의 작품에서 작가가 우리에게 보여주는 일상에 대한 묘사는 날것 그대로다. 작가는 조금도 위선되거나 치장되지 않은 날 것 그대로의 긍정적이고 희망적인 일상을 보여주고자 한다. 답답하고 지겨운 일상으로부터 일탈하여 희망과 행복을 얻고자 하는 욕망을 진솔하게 표현하고 있다. 작품에서 작가의 현재적 욕망이 솔직하게 투사된 것은 바로 그에게 삶에 대한 긍정의 미덕이 있기 때문일 것이다. 일견 무의미한 관성의 연속으로 보이는 일상은 작가의 긍정적 정서를 통하여 더욱 밝고 투명하게 드러난다. 변화 없는 일상으로부터의 아픔과 좌절, 그를 넘어서서 쉽게 존재할 수 있을 것 같지 않은 사랑과 희망을 김태우의 수필은 이야기한다.

3. 타자의 삶과 고통을 위한 동행

 현대에 이르러 사람들이 느끼는 나른하고도 불만족한 '일상성'은 단순한 일상의 반복이라기보다 외부적 요인에 의해 발생하는 특정한 일상적 성격이다. 특히 도시화와 현대화는 인간 삶의 환경을 변화시켰다. 인간과 자연은 분리되었으며 인간 중심적 사회는 인간과 인간, 인간과 자연 사이의 소외 현상이 나타나게 되었다. 더 나아가 인간관계는 자본화를 통해 조작된 소비와 끝없는 욕망 사이에서 현대인들은 실존적 한계 상황에 부딪치게 된다.

 이같이 현대적 의미에서의 '일상성'은 사회적 의식의 산물이다. 따라서 문학작품에서의 사회적 일상성에 대한 탐구는 개인과 타자의 의식과 정신을 더욱 분명하게 드러내기 위한 하나의 관점이 되기도 한다. 이를테면 「어머니의 바다」에서 작가는 어머니의 삶의 일상에서 타자를 위한 일상성을 읽어낸다.

> 어머니는 해녀로 생활하다 몇 년 전 잠수병으로 고막이 상하면서 통증에 시달리고 계시다. 말을 제대로 듣지 못해 해녀 일을 그만두고 구십 삼세를 넘기고 있다. 바다는 농사를 지었던 밭과 같은 존재로 바다를 쳐다보면 늘 고마운 생각이 든다고 하셨다. 바다가 있어서 우리 가족이 먹

고살 수 있었다고 하셨다. 바다는 힘들고 가난했던 시절 어머니가 그나마 기댈 수 있는 언덕이었다.

- 「어머니의 바다」에서

하루하루 주어진 일상 속에서 '무엇'을 찾지 못하고, 생각 없이 살아간다면 일상을 아무렇게 살아가는 거와 같은 것이다. 이는 곧 자신의 인생을 올바르게 살지 못하는 비본래적인 삶을 살아가는 것이다. 김태우는 자신의 삶에서 '어머니'와 '바다'와 같이 본래적 존재의 모습을 찾으면서 살아가고자 한다. 이런 작가 의식은 더욱 발전해서 사회적・역사적 아픔과 슬픔을 읽는 데로 나아한다. 예컨대 작가는 동백꽃을 보면서 4.3의 슬픔을 기억한다(「너븐숭이」「곤흘마을」「불어라 화해의 바람아」). 계속해서 작가는 말한다. "동백꽃이란 말에 동백에 대한 의미를 되짚어보게 했다. 봄에 꽃을 피우기 위해 꽃봉오리는 한 겨울 내내 엄동설한 세찬 눈보라를 견뎌내야만 한다. 4・3의 진상은 동백꽃 봉오리만 보는 것 같다."(「불어라 화해의 바람아」).

여기서 우리가 김태우의 작품을 읽으면서 또 다른 주목할 것은 그것이 자연이든, 인간이든 항상 '동행'의 의미를 강조한다는 사실이다. 동행이란 둘 또는 여러 사람이 같이 길을 가는 것을 의미한다. 그런데 진정한 동행의 의미는 같은 '방향'으로 함께 가는 것만이 아니라 같은 '마음'으로 함께 가는 것이다. 누군가와 진정으로 함께 가는 길이라면 아무리 멀다 해도 갈 수 있고, 바람이 휘몰아치는 들판도 걸을 수 있다. 이 세상은 홀로 살기에는 너무 힘든 곳이기에 단 한 사람이라도 믿고 모든 것을 보여줄 수 있어야 한다. 우리의 험난한 인생길, 누군가와 손잡고 걸어야 사람이나 자연이 아름답게 되고 손을 잡으면 마음이 따뜻해지기 때문이다. 김태우의 다음과 같은 발언도 이와 다르지 않다.

> 일상의 경계를 잠시 내려놓고 자연과의 동행하기로 하였었다. 들녘과 벗 삼아 걷기가 타인이나 피부색에 대한 차별이란 경계를 허물어지게 하였다. 금발의 봉사자로 도움을 받게 되었을 때 언어 소통과 문화가 달라 걱정되기도 했었다. 올레길 동행에서 크고 작은 나무와 색깔이 다른 꽃들처럼 함께 어우러져야 사람이나 자연이 아름답다고 얘기하며 걸었다.
> ─ 「올레길 봉사자와의 동행」에서

작가의 말대로 우리는 올레길 동행에서 크고 작은 나무와 색깔이 다른 꽃들처럼 함께 어우러져야 아름답다고 얘기하며 걸을 수 있다. 마찬가지로 인생길에 동행하는 사람이 있다면 더 깊이 사랑해야 한다. 그 사랑으로 인하여 우리는 오늘도 내일도 행복할 수 있기 때문이다. 동행하는 사람의 따뜻한 마음을 생각하면 우리의 마음 깊은 곳까지 따뜻해지며, 나를 바라보는 그대의 모습에 마음이 따뜻해져 온다.

김태우는 자아를 위한 일상성의 충실함은 물론 타자의 삶과 고통을 위한 동행을 거듭한다. 자신을 위한 고유한 존재 가능성을 존중하면서 동시에 세상의 모든 타자와 함께 일상적인 삶을 추구하고자 한다. 그렇기 때문에 작가는 자신과 타자의 삶을 위하여 아름다운 동행을 하고자 한다. 역설적으로 다른 사람에게서 자신을 찾으려 한다는 시도는 결국 자아라는 존재에 대해 '나'라는 주체를 찾으려는 시도이기도 한 것이다. 평범한 일상 속에서 넘치지도 않고 부족하지도 않은 평화로움을 유지하면서 자신의 고통을 넘어서서 타자의 삶과 동행하고자 하는 작가의 삶과 문학을 위한 태도가 돋보이는 이유가 여기에 있다.

4. 사랑과 행복의 가치 추구

비본래적인 존재가 본래적인 존재로 되기 위해서는 일상에서의 슬픔과 고통을 경험하면서 변화되어 가듯이, 우리의 일상에서 진정으로 사랑과 행복을 추구하고 느끼며 살아간다는 것은 올바른 삶을 위해서 반드시 필요한 일이다. 김태우 수필집 『걷는 의미』를 읽다 보면, 인생의 사랑과 행복을 위한 작가의 염원이 가득 담겨 있음을 느낄 수 있다. 많은 사람에게 그렇듯이 인생길이란 슬픔과 고통이 함께 펼쳐지는 길이다.

"고통 없이는 얻는 것이 없다"라는 외국 속담처럼 고통은 쓰라린 아픔과 더불어 그것을 극복할 수 있는 계기를 마련해 준다. 고통이 지나고 나면 우리의 소망대로 또 다른 행복이 다가오기 마련이고 흔들렸던 일상은 다시 그 소중함을 되찾을 수 있게 되는 것이다. 작가의 일상은 위대한 꿈을 이루고자 하는 것도 아니고, 업적을 세우거나 대단한 일을 하고자 하는 것이 아니다. 자신의 시간을 헛되게 쓰지 않으며 목표를 위해 살아가는 아름다운 모습만이 남아 있기를 바라는 것이다. 이런 소중한 마음은 작품에서 꽃을 사랑하는 마음으로 잘 드러난다.「배롱나무」「벚꽃」「베고니아 꽃」「조밤나무」「수선화」 같은 작품에서 잘 나타나듯이, 작가는 꽃과 나무와 호흡하며 이 세상과 인간을 사랑하는 모습을 보여준다.

> 공해를 피하고 조용히 즐길 수 있는 아름드리나무를 찾다 보니 이도이동 수운공원까지 휠체어를 손으로 밀면서 오게 되었다. 그 인연으로 공원 옆에 이사해서 살게 되었다. 나무를 보기 위해 이사를 왔다고 해도 과언이 아니다. 힐링할 공간이 넓혀지면서 신산공원 조밤나무를 알게 되었다. 하늘을 가리는 청록빛 풍경이 애인을 만나듯이 반하게 했다. 나무 밑에서 양팔을 벌리고 긴 호흡이 상쾌했다. 나무는 사람들이 생체리듬을 맑은 공기로 인해 싱그럽게 해준다. 조밤나무와 가까이서 지내다 보니 친구처럼 여겨졌다.
> -「조밤나무」에서

> 매년 이맘때면 봄소식은 수선화가 항상 몰고 오면서 우리 집 마당은 온갖 벌과 나비로 가득 차게 한다. 날개가 없어도 수선화는 봄 전령사로 꽃을 피워 향기로운 냄새와 꿀로 만찬을 베풀고 있다. 곁에 앉아 있으면 수선화에 초대받은 느낌을 들게 했었다.
>
> 「수선화」에서

위 인용에서 잘 드러나듯이, 작가는 「조밤나무」에서 조밤나무와 가까이서 지내다 보니 그가 친구처럼 여겨지고, 「수선화」에서는 수선화가 자신에게 장애를 이겨내면서 수필을 쓸 수 있게 해준 선물인 것 같이 여긴다. 일상적 의미에서의 자유와 사랑은 우리 주위를 둘러보면 쉽게 찾을 수 있는 것이다. 누군가를 열렬하게 사랑한다는 것만이 특별한 사랑이 아니라 함께 살아가는 사람을 마주 본다는 것만으로도 우리는 사랑과 행복을 느낄 수 있다. 구속에서부터 벗어나는 것만이 자유가 아니라 일상에서 함께 밥을 먹고 꽃이 피는 모습을 보는 것만으로도 사랑과 행복을 느낄 수가 있다. 익숙하고 편안함은 일상을 살아가는 편리한 방식 중 하나이지만 그 속에는 더욱 소중한 자유와 사랑이 담겨 있음을 의미하는 것이다. 김태우의 수필에서 우리가 느낄 수 있는 행복과 사랑의 추구란 일상과 사물에서 무심코 지나쳤던 것들에서 찾아질 수 있다는 사실이다. '눈 구경'을 하면서 이런 작가의 순수

한 마음은 극명하게 드러난다.

> 나무가 우거진 양가로 눈이 하얗게 쌓여있어 꼬리를 무는 차들로 교통체증이 오래 지속되었으면 했다. 설산을 이루고 있어 한자리에서 오랫동안 볼 수 있어서이다. 폭설이 덮인 위로는 적송이 보였다. 나도 모르게 워~워 감탄사가 절로 나는 것이다. 적송은 쌓인 눈과 아랑곳없이 이파리가 새파랗다.
> 나무가 우거진 위로 보이는 새파란 하늘이 잠자리가 날아오를 듯이 높으며 맑다. 눈이 나뭇가지에 매달려 번쩍거리며 영롱하게 빛나고 있다. 콩알만한 눈송이 광채가 어떠한 보석과 비교될 수 없이 아름답다. 나뭇가지에 붙어 있던 눈이 녹으면서 물기가 햇빛에 반사되어 나오는 현상으로 해가 뜨거워지면 영롱한 빛은 사라져 버린다.
> - 「눈 구경」에서

 진정한 사랑이란 자아와 타자의 이원적 관계 속에서 이 양자가 혼합되고 종합하는 과정에서 성립한다. 서로 다른 개체가 하나로 종합된다는 것은 타자와 나의 다름을 인정하는 것으로 가능하게 된다. 예컨대 인간과 사물에 대한 진정한 사랑이란 단순한 만남의 관계를 떠나 타자를 향하여 자신의 열린 마음으로 개방하고 수용하는 것을 의미한다.「눈 구경」

에서처럼 작가의 따뜻한 사랑의 감정은 사물에 대한 감정은 물론 나의 눈앞에 있는 가장 가까운 타자의 존재를 인정하고 그 마음을 새롭게 이해하고 공감하는 데에서 생겨나는 것이다. 이런 감정은 바로 작가의 인생과 세상을 위한 사랑과 공감에 의해 우러나오게 된다.

5. 나오며

우리는 매일 힘들고 시끄러운 세상에서 어려운 삶을 살아가고 있지만, 아침에 건강하게 깨어날 수 있고, 걸을 수 있다는 것은 얼마나 커다란 행복인가. 또한 새로운 햇빛을 보면서 길을 걸을 수 있다는 것은 얼마나 행복한 일인가. 작가가 이 책의 제목을 『걷는 의미』라고 한 것은 무슨 의미를 지니는가. 표제작 「걷는 의미」에서 말하는 대로 어차피 인생은 걷는 것, 어느 길로 가든 우리는 걸어야 한다. "목적지가 정해져 있지 않지만, 전농로 벚꽃 구경을 가든지, 아니면 공원이나 동부두 방파제로 가서 바닷바람을 쐬러 가든지, 오라는 곳은 없어도 갈 곳은 많다"(「걷는 의미」). 우리는 '그늘'에서 혹은 '햇볕'에서 삶의 길을 걸어야 한다.

티베트어로 '인간'은 "걷는 존재" 혹은 "걸으면서 방황하는 존재"라는 의미라고 한다. 걷는 것은 행동이고 도약이며 움직임이다. 그리하여 걷는다는 것은 나의 길을 찾아가는 것이다. 걸으면서 우리는 이 인생과 세상을 더욱 아름답고 값어치 있게 보내기 위해서 한 발 한 발 내딛는 사람이기를 소망한다. 우리가 만나게 되는 "석양의 노을이 아름다우며 장엄하지만, 햇볕은 위치에 따라 우상을 만들거나 예술가에게 영감을 주기도 한다. 햇볕은 편견과 지위 고하를 막론하고 치우침이 없다(「햇볕」).

김태우의 수필은 삶의 일상성 속에서 슬픔과 기쁨, 아픔과 행복을 동시에 보여주고 있다. 그의 수필에서 나타나는 일상은 평범한 사람의 일상이지만, 그러한 사람들의 일상을 다독여 주면서 하이데거가 말하는 본래적인 삶과 존재가 동시에 변화하기를 바라고 있다. 김태우의 수필에서 보이는 일상은 주체를 위한 삶의 이야기, 타자를 위한 일상의 이야기, 그리고 그들이 수확해야 할 사랑과 자유와 행복을 위한 실천의 모색이다. 일상은 주체와 타자 사이에 나타나는 시간적·공간적 삶의 총화이다. 김태우 수필에 나타나는 일상성은 일견 단순한 관성의 연속으로 보이지만, 이런 작가의 정서를 통하여 그의 작품은 더욱 밝고 투명하게 드러난다. 그리하여 쉼 없이 사랑과 행복을 이야기하는 『걷는 의미』는 그 자체가 의미 있는 실존의 기록이다. 『걷는 의미』가 김태우 작가의 새로운 삶과 문학의 길을 열어가는 이정표가 되기를 바란다.